엄마의 선택, 새로워진 기탄국어

- 한 아이가 태어났습니다.
- 엄마에게 아이는 경이롭고 신비한 우주이며,
- 아이에게 엄마는 최초로 경험하는 따뜻한 세상입니다. 아이가 말과 글을 익히고,
- 수와 셈을 배우며 세상을 넓혀 갈 때, 엄마의 눈과 귀는 늘 아이를 향합니다.
- '넌 잘할 수 있어!' 따뜻한 격려와 응원을 보내면서요.

- 아무리 사교육이 발달하고 뛰어난 선생님들이 많아도,
- 아이의 꿈 하나하나를 소중히 여기고 끝까지 응원하는 사람은 바로 엄마입니다.

- "기탄은 그런 엄마의 마음을 담아,
- 아이가 즐겁고 탄탄하게 실력을 쌓아 갈 수 있도록 돕겠습니다."

AI 시대, 우리 아이에게 가장 필요한 것은 무엇일까요?

빠르게 변화하는 세상에서 스스로 생각하고, 정확하게 이해하며,
자신의 생각을 표현하는 힘이 그 어느 때보다 중요해지고 있습니다.
그 모든 것의 출발점은 바로 탄탄한 한글과 국어 실력입니다.

기탄국어는 1,000만 부 이상 판매되며 수많은 학부모와
선생님들께 신뢰받아 온 국어 학습 교재입니다.

아이의 학습 속도에 맞춘 개인별·능력별 학습 프로그램을
통해 한글 기초부터 어휘력, 독해력, 논술력까지 차근차근
쌓아 갈 수 있도록 돕습니다.

**기탄국어와 함께하는 꾸준한 학습이
우리 아이의 실력을 탄탄하게 만듭니다.**

기탄국어의 **특징**

한글의 기초부터 논술 실력까지 탄탄하게,
사고력과 창의력을 키워 주는 개인별·능력별 학습 프로그램

1

개인의 학습 능력에 맞춘 학습으로 기초가 탄탄!

학습자의 능력에 맞추어
국어 능력이 골고루
향상되도록 편성했습니다.

 **2**

다양한 글감으로 어휘력·독해력 쑥쑥!

풍부하고 다채로운 글감을
접함으로써 어휘력과 읽기 능력이
고루 향상됩니다.

 **3**

읽기·말하기·쓰기·문법의 균형 잡힌 학습

상황에 알맞은 말하기부터
논리적으로 표현하는 글쓰기까지
균형 있게 학습하도록 합니다.

기탄국어의 **구성과 활용**

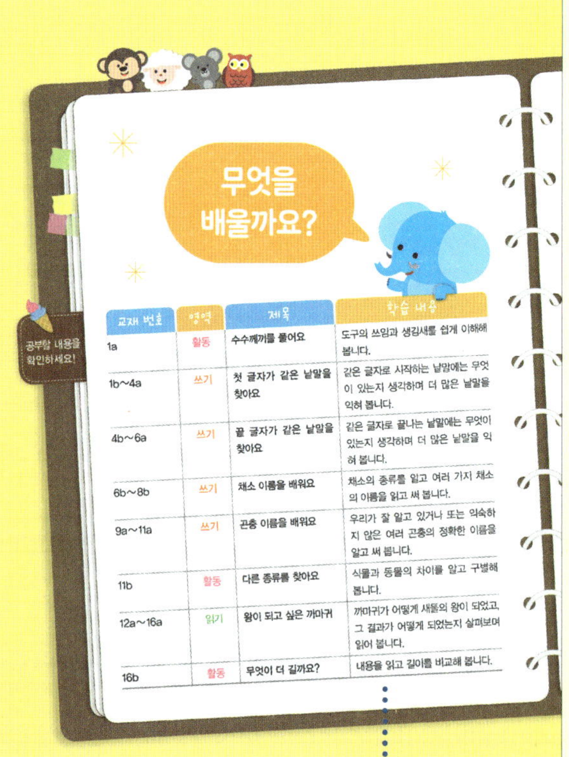

교재 번호	영역	제목	학습 내용
1a	활동	수수께끼를 풀어요	도구의 쓰임과 생김새를 쉽게 이해해 봅니다.
1b~4a	쓰기	첫 글자가 같은 낱말을 찾아요	같은 글자로 시작하는 낱말에는 무엇이 있는지 생각하며 더 많은 낱말을 익혀 봅니다.
4b~6a	쓰기	끝 글자가 같은 낱말을 찾아요	같은 글자로 끝나는 낱말에는 무엇이 있는지 생각하며 더 많은 낱말을 익혀 봅니다.
6b~8b	쓰기	채소 이름을 배워요	채소의 종류를 알고 여러 가지 채소의 이름을 읽고 써 봅니다.
9a~11a	쓰기	곤충 이름을 배워요	우리가 잘 알고 있거나 또는 익숙하지 않은 여러 곤충의 정확한 이름을 알고 써 봅니다.
11b	활동	다른 종류를 찾아요	식물과 동물의 차이를 알고 구별해 봅니다.
12a~16a	읽기	왕이 되고 싶은 까마귀	까마귀가 어떻게 새들의 왕이 되었고, 그 결과가 어떻게 되었는지 살펴보며 읽어 봅니다.
16b	활동	무엇이 더 길까요?	내용을 읽고 길이를 비교해 봅니다.

학업 성취도 평가하기

체계적인 평가 시스템으로
학업 성취도를 평가해요.

능력에 맞는 단계 시작

아이의 능력에 맞춰 자신 있게
풀 수 있는 단계부터 시작해요.

학습 내용 살펴보기

1주 5일씩 꾸준한 학습으로
공부 습관을 길러요.

④ 창의력 문제로 독창적인 사고력이 반짝!

새로운 아이디어를 펼칠 수 있는 창의력 문제를 곳곳에 담았습니다.

⑤ 서술형 문제로 글쓰기와 논술력이 쑥쑥!

줄거리 요약하기, 다음 문장 이어 쓰기 등 서술형 문제를 통해 생각을 정리하는 능력을 기릅니다.

⑥ 매일매일 꾸준하게, 자신감 UP!!

한 달에 한 권, 한 주에 5일의 일정 분량 학습을 습관화할 수 있는 구성을 갖추었습니다.

영역별 구성 — 말하기, 쓰기, 읽기, 활동의 네 영역을 골고루 학습해요.

공부한 날짜 기록

칭찬 스티커 — 학습을 마치면 스티커를 붙여서 격려해 주세요.

학습 스티커

아이들이 좋아하는 스티커를 붙이며 재미있게 학습해요.

다양한 활동

숨은 그림 찾기, 색칠하기, 그리기 등 다양한 활동으로 즐겁게 학습해요.

개인별 학습 능력에 맞춘 커리큘럼

단계	대상	구분	주요 학습 내용	학습 목표
A단계	4 · 5세	1집	자 · 모음자 모양 익히기	
		2집	자 · 모음자 낱자 익히기	
		3집	낱글자(가~후) 익히기	
		4집	낱글자(그~헤) 익히기	
		5집	주제(그림)에 맞는 낱말 익히기	
B단계	5 · 6세	1집	받침(ㄱ~ㅁ)이 있는 낱말 익히기	**한글 과정**
		2집	받침(ㅂ~ㅎ)이 있는 낱말 익히기	· 한글의 자 · 모음자 쓰기와 낱말 학습을 통해 낱말을 익히고 어휘력을 키운다.
		3집	이중 모음자(ㅑ~ㅢ) 익히기	
		4집	된소리(ㄲ, ㄸ, ㅃ, ㅆ, ㅉ) 익히기	· 동화 읽기, 간단한 문장 쓰기 등을 통해 독해력의 기초를 완성한다.
		5집	주제에 따른 낱말 배우기	
C단계	6 · 7세	1집	대상의 알맞은 이름 배우기	
		2집	서술어를 통한 반대되는 말 배우기	· 초등학교 입학을 위한 준비를 완벽하게 할 수 있도록 구성한다.
		3집	소리, 모양을 흉내 내는 말 배우기	
		4집	문장의 구조 배우기	
		5집	쌍받침, 겹받침이 있는 낱말 익히기	
D단계	7세 · 초1	1집	대상의 이름과 인사말 배우기	
		2집	서술어, 문장의 순서 익히기	
		3집	위치, 단위를 나타내는 말 익히기	
		4집	꾸며 주는 말, 소리와 모양을 흉내 내는 말 익히기	
		5집	여러 문장 성분을 이용해 문장 만들기	
E단계	초1 · 2	1~5집	다양한 글감을 통해 어휘력, 창의력을 키우는 과정	
F단계	초2 · 3	1~5집	다양한 지문을 통해 이해력, 독해력을 향상시키고 기초 글쓰기를 훈련하는 과정	**국어 과정**
G단계	초3 · 4	1~5집	독해력과 상상력을 바탕으로 논리적 글쓰기의 기초를 다지는 과정	· 다양한 글감을 통해 어휘력, 독해력을 키운다.
H단계	초4 · 5	1~5집	표현력 신장과 논리적인 언어 구사 훈련을 통해 논리적 사고력을 쌓는 과정	· 듣기 · 말하기, 읽기, 쓰기, 문법의 다양한 영역을 통해 균형적인 학습을 한다.
I단계	초5 · 6	1~5집	다양한 한자 어휘를 효과적으로 문장에 적용하는 논술 실전 글쓰기 과정	· 창의력, 서술형 문제로 글쓰기와 논술 능력을 향상시킨다.
J단계	초6 · 중1	1~5집	배경지식을 확장하고 고급 어휘를 구사하는 능력을 키워 중학 국어에 대비할 수 있는 과정	

기탄국어

C단계 5집 1주차
257a~272b

학습 관리표

금주평가	말하기	읽기	쓰기	활동
	Ⓐ 아주 잘함	Ⓐ 아주 잘함	Ⓐ 아주 잘함	Ⓐ 아주 잘함
	Ⓑ 잘함	Ⓑ 잘함	Ⓑ 잘함	Ⓑ 잘함
	Ⓒ 보통	Ⓒ 보통	Ⓒ 보통	Ⓒ 보통
	Ⓓ 부족함	Ⓓ 부족함	Ⓓ 부족함	Ⓓ 부족함

이번 주는?

- 학습 방법 ❶ 매일매일 ❷ 가끔 ❸ 한꺼번에 하였습니다.
- 학습 태도 ❶ 스스로 잘 ❷ 시켜서 억지로 하였습니다.
- 학습 흥미 ❶ 재미있게 ❷ 싫증 내며 하였습니다.
- 교재 내용 ❶ 적합하다고 ❷ 어렵다고 ❸ 쉽다고 하였습니다.

지도 교사가 부모님께	부모님이 지도 교사께

종합 평가	Ⓐ 아주 잘함	Ⓑ 잘함	Ⓒ 보통	Ⓓ 노력해야 함

원교   반   이름:

교재 번호	영역	제목	학습 내용
257a	활동	다른 종류를 찾아요	사물을 보고 같은 종류의 물건과 다른 종류의 물건을 구별해 봅니다.
257b~264a	쓰기	쌍 · 겹받침 낱말을 배워요(ㄲ, ㅆ, ㄳ)	쌍 · 겹받침이 있는 낱말 중에서 'ㄲ, ㅆ, ㄳ'이 들어간 낱말을 구별하여 읽고 써 봅니다.
264b	활동	누구의 집일까요?	집이 있는 곳이나 모습을 살펴보면서 관계있는 동물은 무엇일지 떠올려 봅니다.
265a~272b	읽기	사랑에 빠진 사자	사자에게 사랑하는 딸을 시집보내야 하는 어려운 결정을 내려야 하는 농부가 어떻게 그 상황을 재치 있게 넘기는지 살펴봅니다.

다른 종류를 찾아요

월   일

 어울리지 않는 것 한 가지를 찾아 ⭕를 해 보세요.

쌍·겹받침 낱말을 배워요(ㄲ, ㅆ, ㄳ)

월 일

 그림을 보고 알맞은 낱말을 써 보세요.

꺼 + ㄲ = 꺾

꽃을 ☐☐ .

까 + ㄲ = 깎

연필을 ☐☐ .

다 + ㄲ = 닦

거울을 ☐☐ .

쓰기

쌍·겹받침 낱말을 배워요(ㄲ, ㅆ, ㄳ)

월   일

 그림을 보고 알맞은 낱말을 보기 에서 골라 써 보세요.

엄마가 사과를

.

이모가 창문을

.

보기   닦습니다   깎습니다

 그림을 보고 알맞은 낱말을 써 보세요.

이 + ㅆ = 있

과일이 ☐☐ .

해 + ㅆ = 했

낚시를 ☐☐ .

사 + ㅆ = 샀

신발을 ☐☐ .

쓰 기

쌍·겹받침 낱말을 배워요(ㄲ, ㅆ, ㄳ)

스티커

월 일

 그림을 보고 알맞은 낱말을 보기 에서 골라 써 보세요.

새장 속에 새가

.

장난감을

.

보기   있습니다   샀습니다

쌍·겹받침 낱말을 배워요(ㄲ, ㅆ, ㄳ)

월 일

 그림을 보고 알맞은 낱말을 써 보세요.

모 + ㄱㅅ = 몫

사 + ㄱㅅ = 삯

품

 '몫'은 여럿으로 나누어 가진 부분이라는 뜻이고, '품삯'은 어떤 일이나 수고를 한 대가로 받거나 일을 시킨 대가로 주는 돈이나 물건을 뜻합니다.

쌍·겹받침 낱말을 배워요(ㄲ, ㅆ, ㄳ)

월   일

 그림을 보고 알맞은 낱말을 보기 에서 골라 써 보세요.

예쁜 인형은

내 ☐ 입니다.

농사일을 돕고

☐☐ 을

받습니다.

품삯   몫

쌍·겹받침 낱말을 배워요(ㄲ, ㅆ, ㄳ)

월   일

 그림을 보고 알맞은 낱말을 (보기)에서 골라 써 보세요.

책을

.

머리를

.

쌍·겹받침 낱말을 배워요(ㄲ, ㅆ, ㄳ)

월   일

 그림을 보고 알맞은 낱말을 보기 에서 골라 써 보세요.

엄마의 심부름은

내 [ ] 입니다.

[ ][ ] 를

했습니다.

낚시   몫

쌍·겹받침 낱말을 배워요(ㄲ, ㅆ, ㄳ)

월 일

 그림을 보고 알맞은 낱말을 써 보세요.

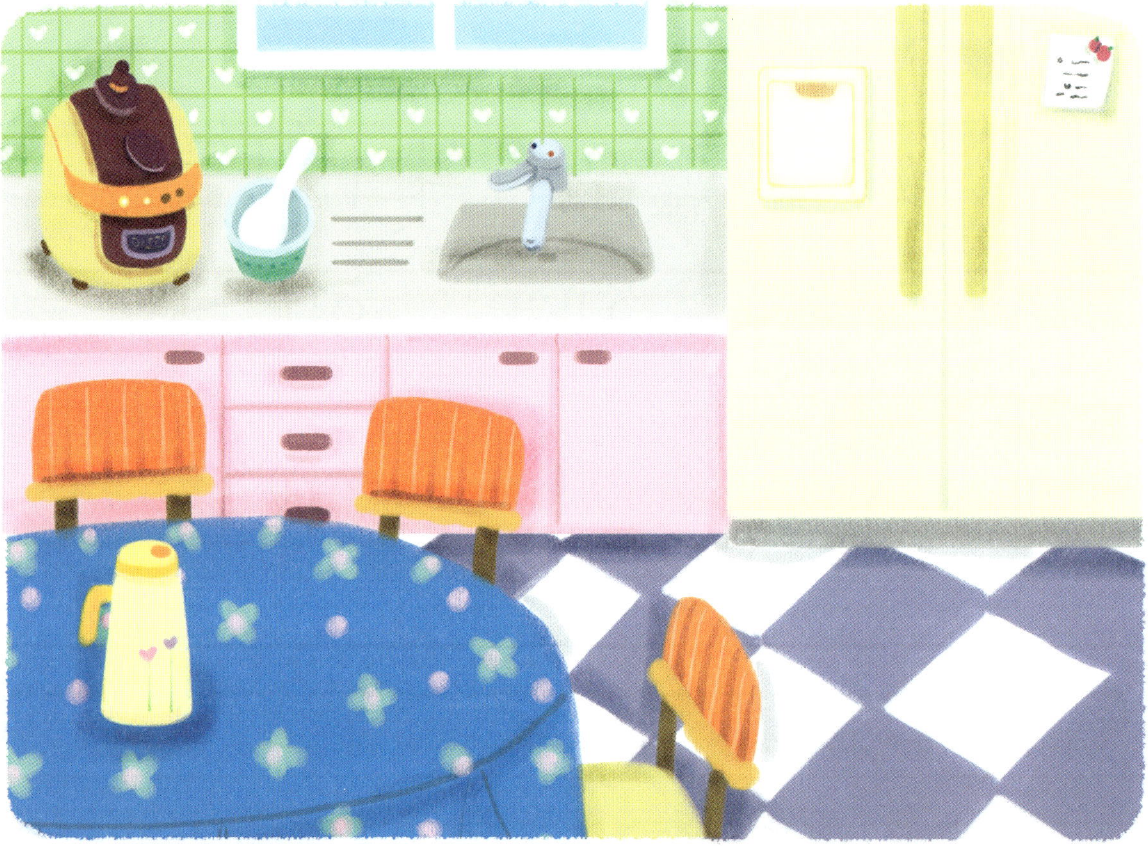

- 냉장고가 있습니다.

- 식탁이 ☐☐☐☐ .

- 밥솥이 ☐☐☐ .

쌍·겹받침 낱말을 배워요 (ㄲ, ㅆ, ㄳ)

월 일

스티커

 그림을 보고 알맞은 낱말을 써 보세요.

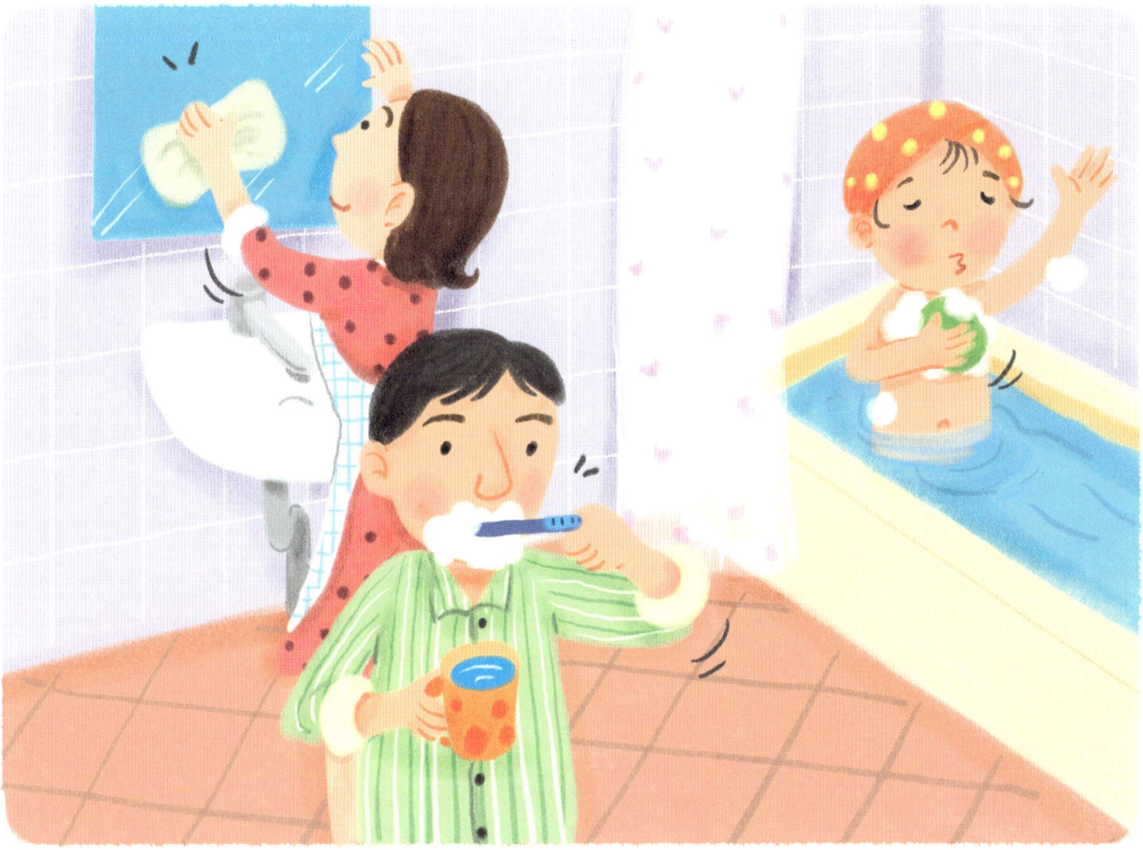

- 몸을 닦습니다.

- 이름

- 거울을

쌍·겹받침 낱말을 배워요 (ㄲ, ㅆ, ㄳ)

월 일

 그림을 보고 바른 낱말에 🎨 스티커를 붙여 보세요.

품삯 ？

품삭 ？

삿다 ？

샀다 ？

닦다 ？

닥다 ？

쓰 기

쌍·겹받침 낱말을 배워요(ㄲ, ㅆ, ㄳ)

 두 그림에서 공통되는 낱말을 보기 에서 골라 써 보세요.

보기   깎다   꺾다   닦다

쌍·겹받침 낱말을 배워요(ㄲ, ㅆ, ㄳ)

월 일

다음 □ 안에 들어갈 알맞은 받침을 찾아 이어 보세요.

심부름은
내 몸입니다.

ㄲ

연필을
깎습니다.

ㅆ

숙제를
했습니다.

ㄳ

월   일

쌍·겹받침 낱말을 배워요(ㄲ, ㅆ, ㄳ)

 그림과 어울리는 낱말을 찾아가 보세요.

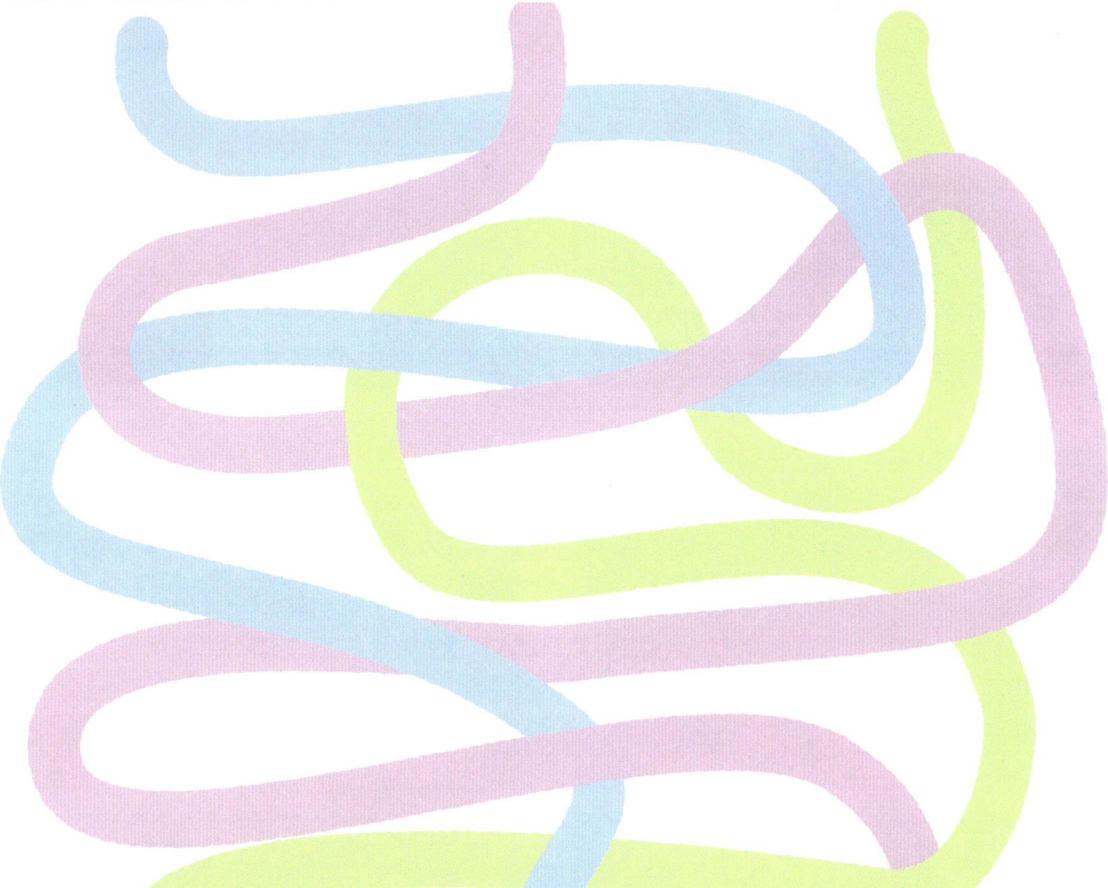

닦다   품삯   샀다

누구의 집일까요?

 누가 살고 있는 곳인지 알맞은 동물 스티커를 붙여 보세요.

읽기
사랑에 빠진 사자

 동화를 읽기 전에 어떤 내용일지 상상하며 빈 곳을 색칠해 보세요.

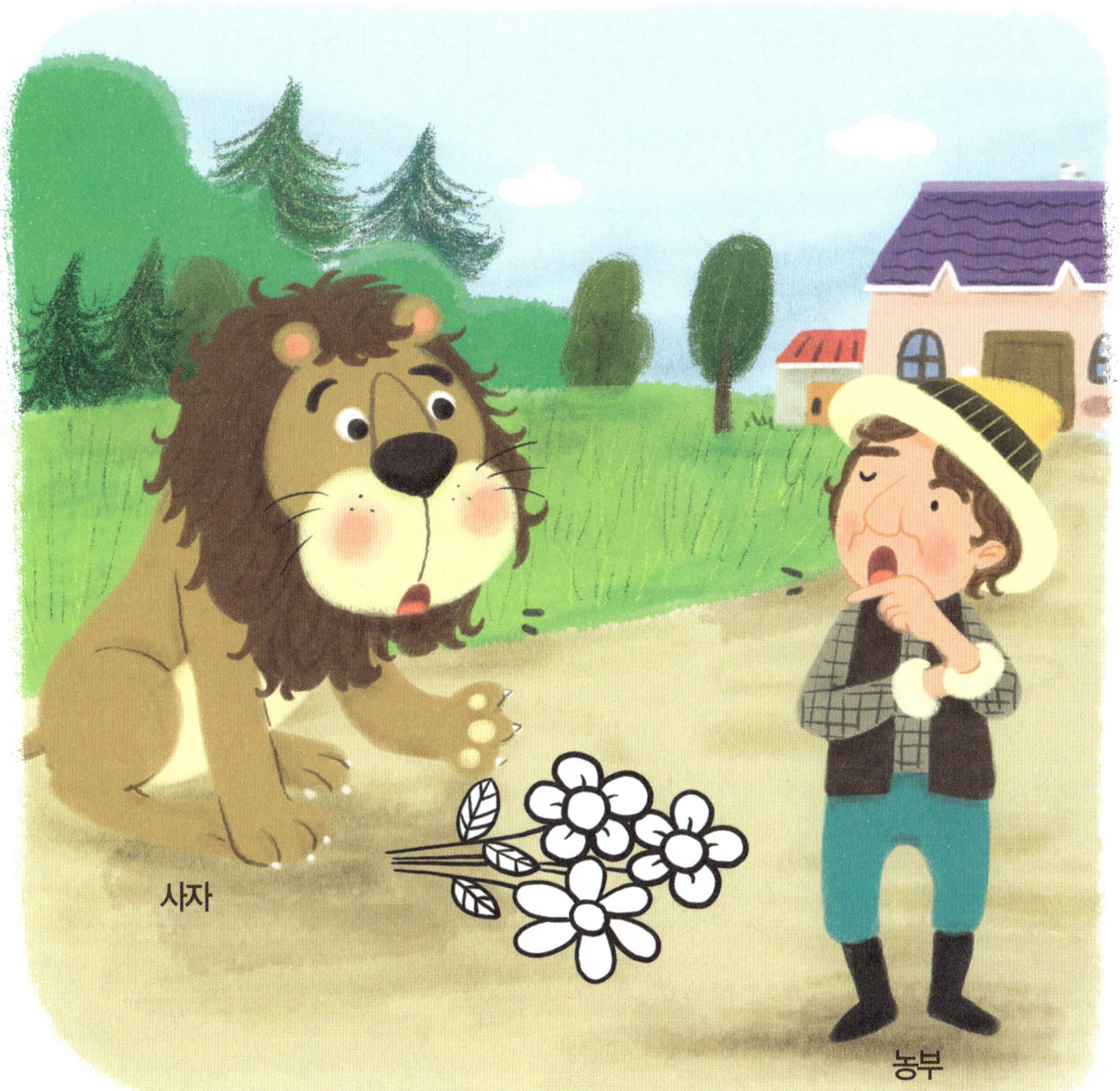

 농부는 사자에게 어떤 말을 했을지 상상해 보세요.

사랑에 빠진 사자

 동화를 큰 소리로 읽고 물음에 답해 보세요.

사자 한 마리가 숲속을 어슬렁어슬렁
돌아다니고 있었어요.
그런데 어디선가 아름다운 노랫소리가
들려왔어요.
"어, 이게 무슨 소리지?"
사자는 소리가 나는 곳으로 가 보았어요.

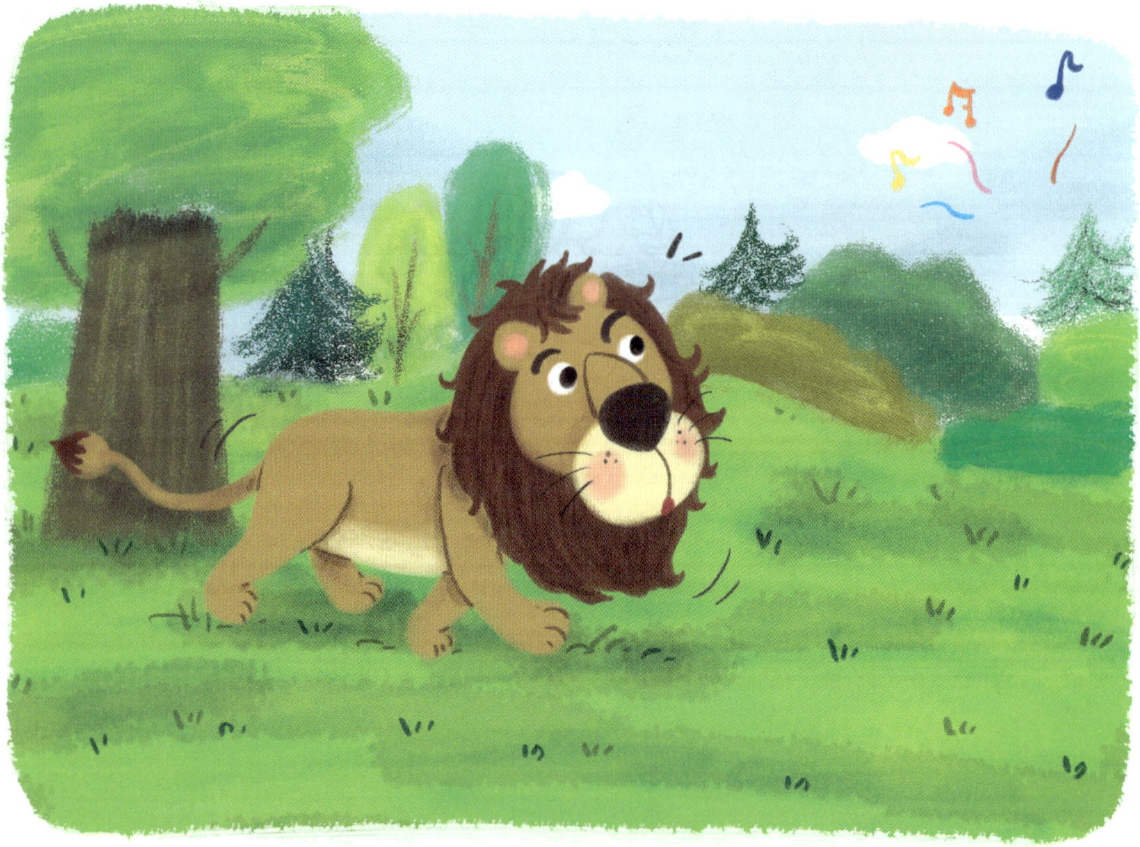

사랑에 빠진 사자

그곳에는 아름다운 아가씨가 노래를 부르며
산딸기를 따고 있었어요.
"와, 정말 예쁘다.
저렇게 예쁜 아가씨는 처음 봤어."
사자의 가슴은 쿵쾅쿵쾅 뛰었어요.
사자는 그만 사랑에 빠졌답니다.

 사자는 숲에서 무슨 소리를 들었나요?

① 아름다운 노랫소리

② 호랑이의 울음소리

사랑에 빠진 사자

"이제 그만 집으로 가야지."
아가씨는 집으로 가려고 일어섰어요.
숨어서 아가씨를 살펴보던 사자는
아가씨가 어디에 사는지 몹시 궁금했어요.
그래서 뒤를 따라갔지요.
아가씨는 숲 근처에 사는 농부의 딸이었어요.
'저 아가씨에게 어떻게 사랑을 고백할까?'

사랑에 빠진 사자

한참 고민하던 사자는 마침내 용기를 냈어요.
그래서 예쁜 꽃을 꺾어 가지고 농부의 집으로
찾아갔어요.
"저는 댁의 따님을 진심으로 좋아합니다.
따님과 결혼하게 해 주세요."
사자의 말을 들은 농부는 깜짝 놀랐어요.

 사자는 농부에게 아가씨와 ☐☐ 하고
싶다고 말했어요.

사랑에 빠진 사자

'뭐라고? 내 귀여운 딸과 결혼하겠다고?
말도 안 돼.'
농부는 상상도 할 수 없었어요.
'하지만 만일 사자의 말을 거절하면
사자가 우리 가족을 해칠지도 모르잖아.'
농부는 이리저리 궁리했어요.

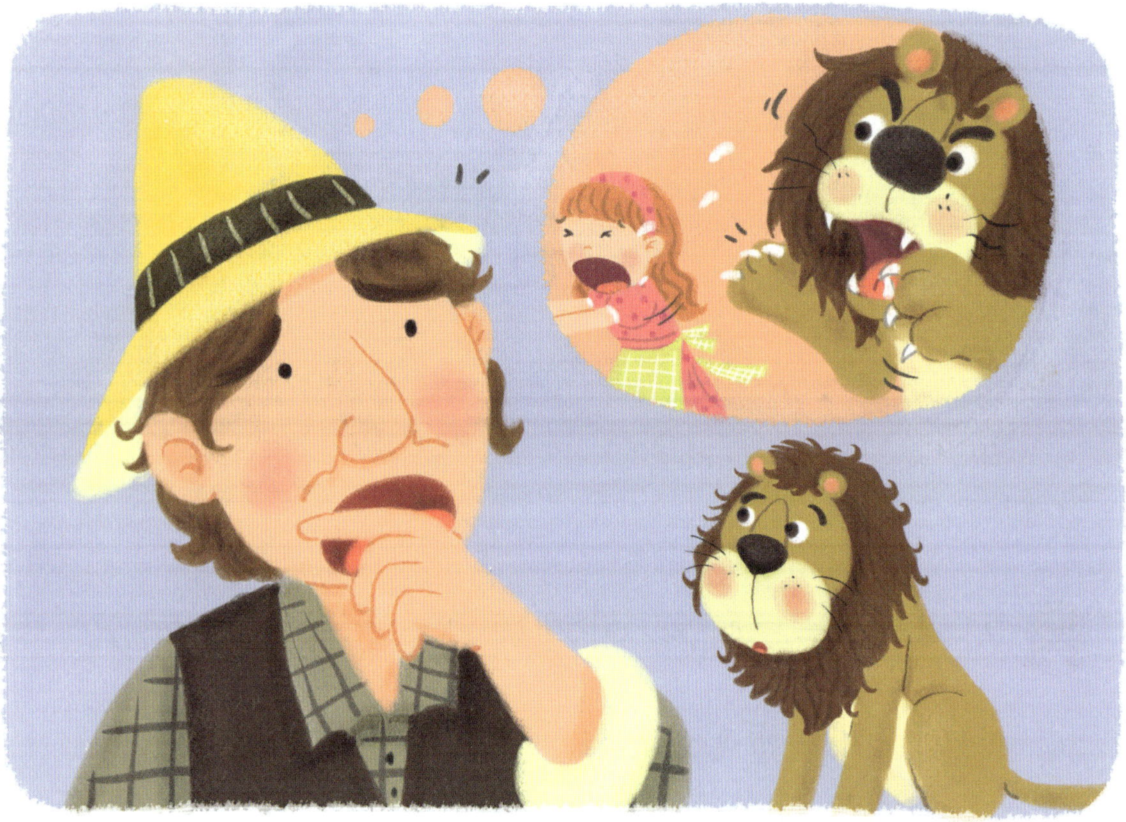

사랑에 빠진 사자

월 일

잠시 뒤 농부는 침착하게 말했어요.
"사자님, 나는 사자님이 마음에 드는데
딸이 당신을 좋아할지 모르겠네요.
내가 딸에게 잘 말해 볼 테니 시간을 주세요."
"그럼, 내일 다시 오겠어요."

농부는 사자의 말을 거절하면 사자가 어떻
게 할 것이라고 생각했나요?

① 사자가 엉엉 울 거라고 생각했어요.

② 농부의 가족을 해칠 거라고 생각했어요.

읽기

사랑에 빠진 사자

사자가 집으로 돌아간 후에 농부는 생각에
잠겼어요.
'이 일을 어쩌면 좋지? 사자를 돌려보내긴
했지만 곧 다시 온다고 했으니…….
사자를 사위로 삼는다는 건 말도 안 돼.'
농부는 밤새워 고민을 하다가 문득
좋은 생각이 떠올랐어요.

사랑에 빠진 사자

다음 날 아침 사자는 일찍 농부의 집으로
찾아왔어요.
"농부님, 따님에게 말씀하셨나요?"
"아, 나도 그렇고 내 딸도 그렇고
용감한 사자님이라면 좋다고 생각해요.
하지만 한 가지 걱정되는 것이 있어서……."

농부는 사자를 [　　]로 삼고 싶지 않아
밤새워 고민을 했어요.

사랑에 빠진 사자

사자는 기분이 좋아서 농부 옆에 바싹
다가앉으며 말했어요.
"한 가지 걱정이라니 그게 뭐죠?"
"내 딸이 사자님의 날카로운 이빨과 발톱에
다칠지도 모르잖아요.
그것만 없다면 당장 결혼시킬 텐데……."

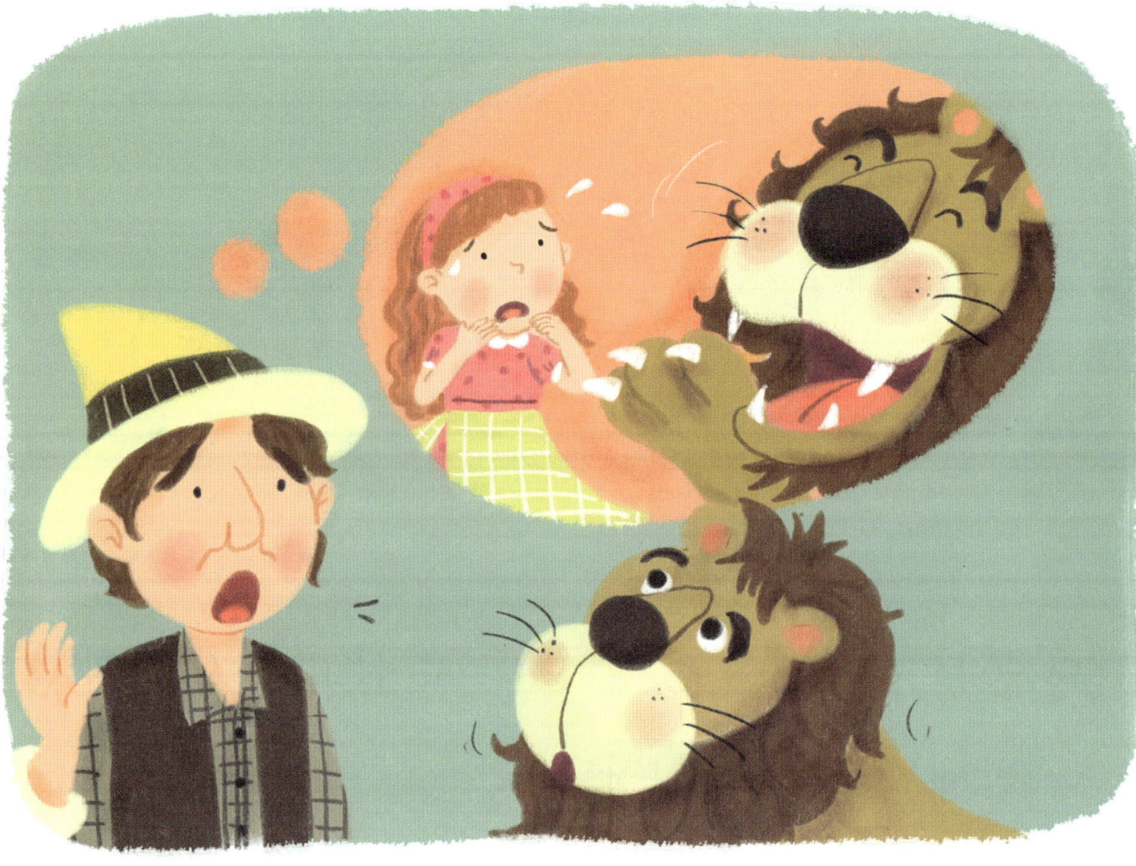

사랑에 빠진 사자

"이빨과 발톱이라고요? 그것만 빼면
결혼을 허락해 주신다는 말씀이지요?"
농부의 딸에게 온통 마음을 빼앗긴 사자는
집으로 돌아와 아픔을 꾹 참고 이빨과
발톱을 뺐어요.

사자는 농부의 딸과 결혼하려고 아픔을 꾹

참고 [　　]　과 [　　]　을 뺐어요.

다음 날 사자는 붕대를 감고 농부의 집을
찾아갔어요.
"농부님, 저예요. 이제 따님을 주세요."
그러자 농부는 몽둥이를 들고나와
사자를 향해 소리쳤어요.
"고얀 녀석! 어디 감히 내 딸을 넘봐?
썩 물러가지 못해?"

읽기

사랑에 빠진 사자

농부는 이빨과 발톱이 없는 사자가 더 이상
무섭지 않았지요.
농부에게 쫓겨난 사자는 엉엉 울면서
숲속으로 도망치고 말았답니다.

사자가 엉엉 울면서 도망간 까닭은 무엇인
가요?

① 농부가 사자를 내쫓아서
② 농부가 사자의 이빨을 빼려고 해서

사랑에 빠진 사자

월   일

 동화의 내용을 생각하며 물음에 답해 보세요.

1 아가씨는 숲에서 무엇을 하고 있었나요?

① 

꽃을 꺾었어요.

② 

산딸기를 땄어요.

2 아가씨는 어디에 살고 있었나요?

① 

농부의 집

② 

궁전

3 사자는 누구를 사랑했나요?

① 

농부의 딸

② 

암컷 사자

읽 기
사랑에 빠진 사자

월   일

4 사자는 아가씨와 결혼하기 위해서 어떻게 했나요?

① 꽃을 꺾어 농부를 찾아갔어요.

② 아가씨에게 반지를 선물했어요.

5 농부는 사자에게 무엇만 없으면 당장 결혼시킨다고 했나요?

①

갈기

②

이빨과 발톱

6 사자가 이빨과 발톱을 뽑고 오자 농부는 어떻게 했나요?

① 사자를 내쫓았어요.

② 사자를 치료해 주었어요.

사랑에 빠진 사자

월   일

🍦 그림을 보고 이야기의 순서에 맞게 번호를 써 보세요.

학습 관리표

금주평가	말하기	읽기	쓰기	활동
	Ⓐ 아주 잘함	Ⓐ 아주 잘함	Ⓐ 아주 잘함	Ⓐ 아주 잘함
	Ⓑ 잘함	Ⓑ 잘함	Ⓑ 잘함	Ⓑ 잘함
	Ⓒ 보통	Ⓒ 보통	Ⓒ 보통	Ⓒ 보통
	Ⓓ 부족함	Ⓓ 부족함	Ⓓ 부족함	Ⓓ 부족함

이번 주는?

- 학습 방법　❶ 매일매일　❷ 가끔　❸ 한꺼번에　하였습니다.
- 학습 태도　❶ 스스로 잘　❷ 시켜서 억지로　하였습니다.
- 학습 흥미　❶ 재미있게　❷ 싫증 내며　하였습니다.
- 교재 내용　❶ 적합하다고　❷ 어렵다고　❸ 쉽다고　하였습니다.

지도 교사가 부모님께	부모님이 지도 교사께

종합 평가	Ⓐ 아주 잘함	Ⓑ 잘함	Ⓒ 보통	Ⓓ 노력해야 함

원
교　　　　　　반　　　이름 :

교재 번호	영역	제목	학습 내용
273a	말하기	그림을 보고 상상하여 말해요	그림을 보고 시간의 순서대로 상상하여 이야기를 꾸며 말해 봅니다.
273b~280a	쓰기	겹받침 낱말을 배워요 (ㄵ, ㄶ, ㄲ)	겹받침이 있는 낱말 중에서 'ㄵ, ㄶ, ㄲ'이 들어간 낱말을 구별하여 읽고 써 봅니다.
280b	활동	어울리는 물건을 찾아요	그림에 있는 물건의 이름이 무엇인지 알고 글자를 구별하여 봅니다.
281a~283b	쓰기	문장을 완성해요	그림을 보고 원인과 결과가 무엇일지 생각해 보고 알맞은 내용을 골라 문장을 완성해 봅니다.
284a~288a	읽기	쌩쌩쌩 코끼리	몸집 큰 코끼리가 자동차를 타고 싶어 하자 말과 토끼가 어떤 방법으로 도와주는지 살펴봅니다.
288b	활동	숨은 그림을 찾아요	그림을 보고 숨겨진 그림이 어디에 있는지 찾아봅니다.

말하기
그림을 보고 상상하여 말해요

월   일

 그림을 보고 상상하여 재미있게 이야기해 보세요.

무슨 일이 일어났는지 살펴보고, 내가 남자아이라면 어떤 기분일지 상상하여 말해 보게 하세요.

 그림을 보고 알맞은 낱말을 써 보세요.

아 + ㄵ = 앉   의자에 ☐☐ .

어 + ㄵ = 엱   선반에 ☐☐ .

겹받침 낱말을 배워요(ㄵ, ㄶ, ㄹ)

월 일

그림을 보고 알맞은 낱말을 보기에서 골라 써 보세요.

아이가 의자에

.

머리에 사과를

.

보기   앉습니다   얹습니다

겹받침 낱말을 배워요(ㄵ, ㄶ, ㄼ)

 그림을 보고 알맞은 낱말을 써 보세요.

마 + ㄶ = 많   책이 [　　] .

끄 + ㄶ = 끊   밧줄을 [　　] .

쓰기

겹받침 낱말을 배워요 (ㄵ, ㄶ, ㄺ)

스티커

월　일

 그림을 보고 알맞은 낱말을 보기 에서 골라 써 보세요.

철수가 고무줄을

.

경기장에 사람이

.

보기　　　많습니다　　　끊습니다

 그림을 보고 알맞은 낱말을 써 보세요.

바 + ㄹㄱ = 밝   달이 ☐☐ .

이 + ㄹㄱ = 읽   책을 ☐☐ .

쓰 기

겹받침 낱말을 배워요 (ㄵ, ㄶ, ㄺ)

월   일

 그림을 보고 알맞은 낱말을 써 보세요.

다 + ㄹㄱ = 닭   　 장

흐 + ㄹㄱ = 흙   　 장난

 그림을 보고 알맞은 낱말을 보기 에서 골라 써 보세요.

어깨에 손을

.

보석이

.

보기 　　　많습니다　　　　　얹습니다

쓰 기

겹받침 낱말을 배워요(ㄴㅈ, ㄴㅎ, ㄹㄱ)

월 일

 그림을 보고 알맞은 낱말을 보기 에서 골라 써 보세요.

　으로 성을 쌓습니다.

나비가 꽃에

．

보기　　흙　　　앉습니다

겹받침 낱말을 배워요(ㄵ, ㄶ, ㄺ)

월   일

 그림에 어울리는 낱말을 이어 보세요.

밝다

읽다

앉다

겹받침 낱말을 배워요(ㄴㅈ, ㄴㅎ, ㄹㄱ)

월   일

 '리' 받침이 있는 낱말을 찾아 빈 곳에 낱말 스티커를 붙여 보세요.

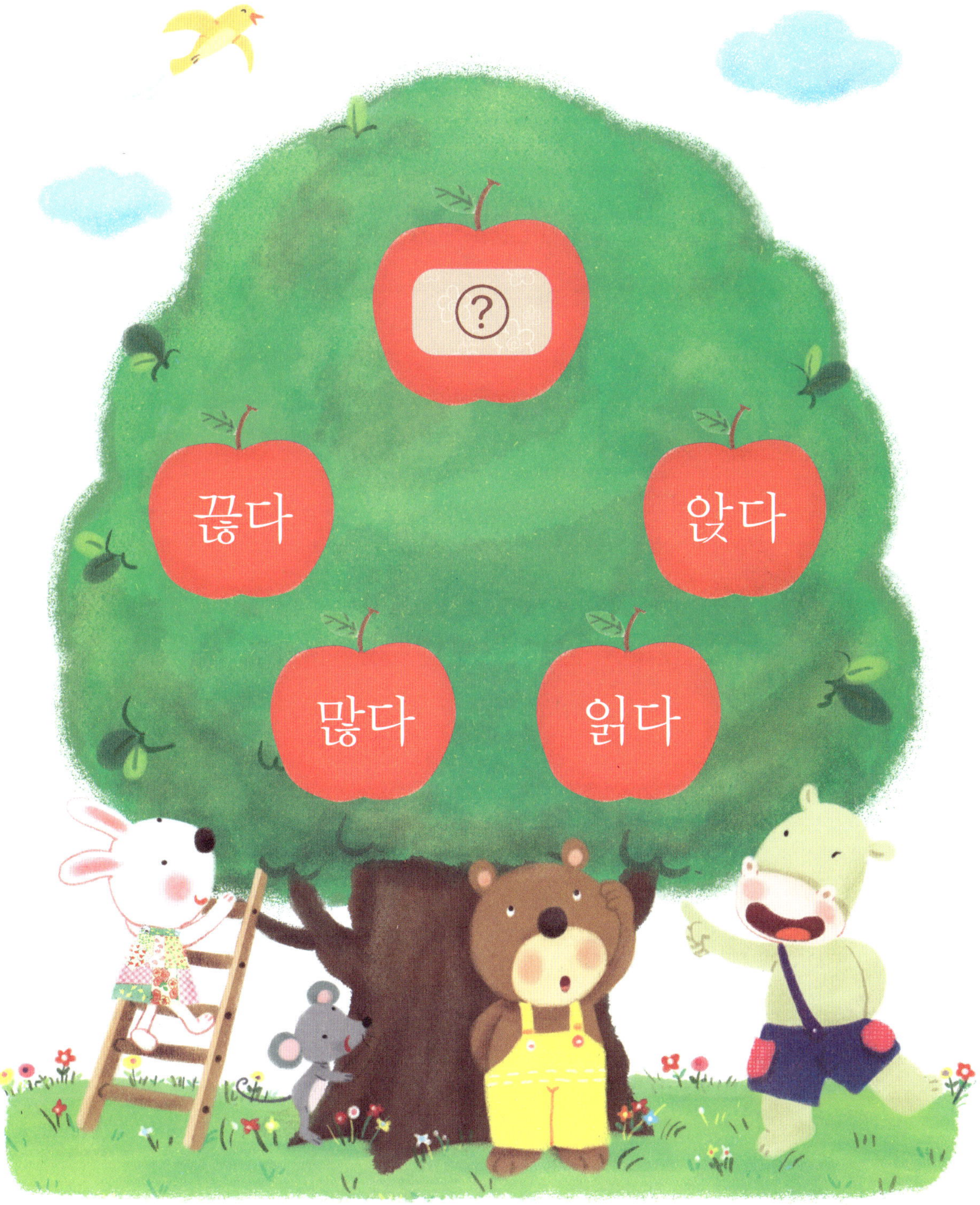

겹받침 낱말을 배워요(ㄴㅈ, ㄴㅎ, ㄹㄱ)

월   일

 그림을 보고 바른 낱말에 ◯를 해 보세요.

끈다   끊다

닭   닥

엎다   언다

<쓰기>
겹받침 낱말을 배워요 (ㄳ, ㄶ, ㄺ)

월   일

 그림을 보고 바른 낱말에 ⭐ 스티커를 붙여 보세요.

흑 

흙 

앉다 

안다 

많다 

만다 

🍦 글자에 빠진 받침을 **보기** 에서 골라 써 보세요.

- 여우가 다장에 들어갔습니다.

- 밧줄이 끄어졌습니다.

- 새가 나뭇가지에 아았습니다.

- 놀이터에서 흐장난을 합니다.

- 산에 나무가 마습니다.

보기　ㄶ　ㄵ　ㄼ

월 일

쓰기
겹받침 낱말을 배워요(ㄵ, ㄶ, ㄺ)

 그림을 보고 바르게 쓴 낱말에 ◯를 해 보세요.

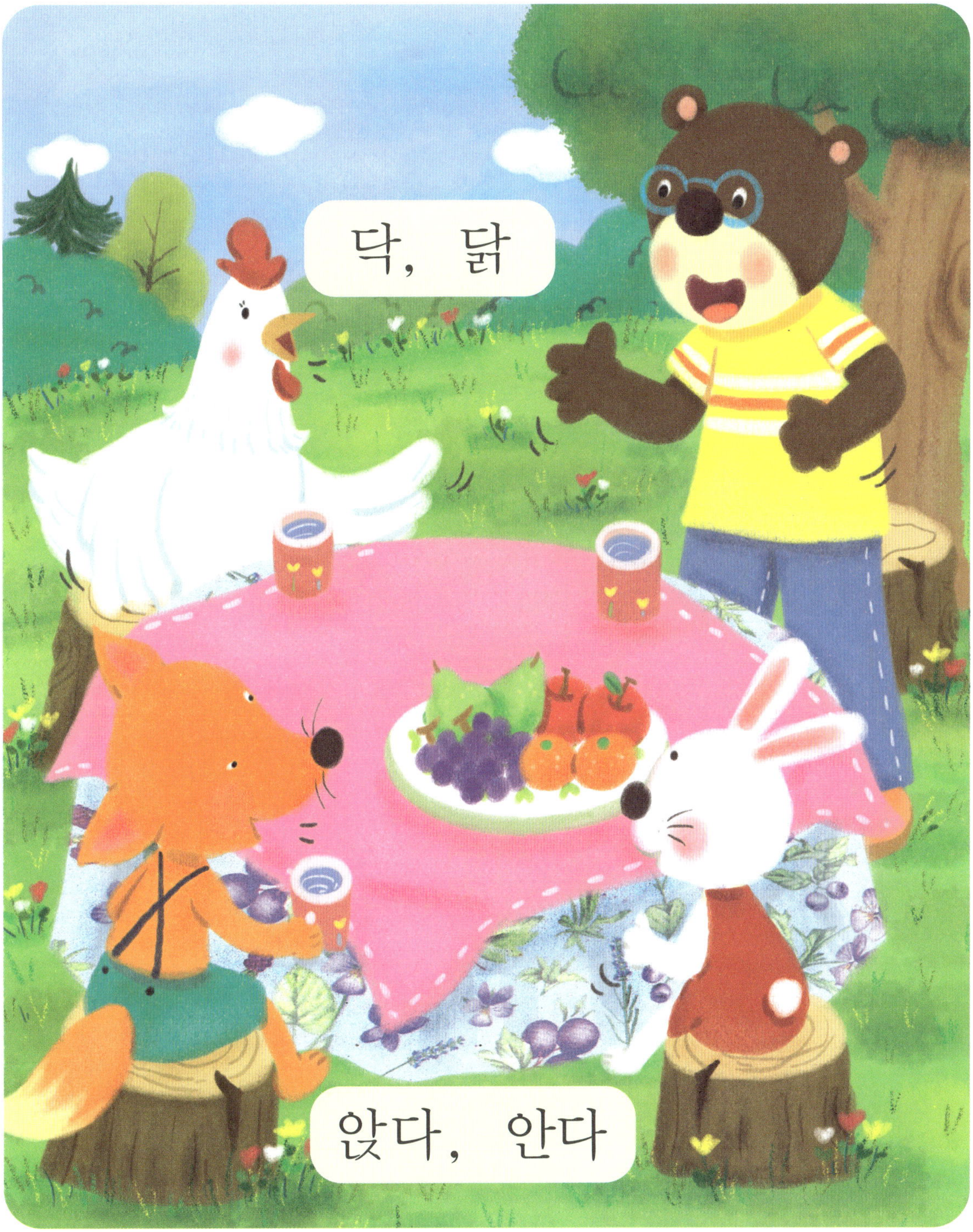

활 동
어울리는 물건을 찾아요

월   일

 아버지의 가방 안에 들어 있는 것에 ⭕를 해 보세요.

책

연필

안경

목도리

거울

양말

문장을 완성해요

월   일

 그림을 보고 이어질 내용을 보기 에서 골라 번호를 써 보세요.

보기

① 외투를 벗습니다.
② 모자가 날아갑니다.

문장을 완성해요

 그림을 보고 이어질 내용을 보기 에서 골라 번호를 써 보세요.

보기

① 우산을 씁니다.
② 온 세상이 하얗습니다.

문장을 완성해요

월 일

 그림을 보고 이어질 내용을 보기 에서 골라 번호를 써 보세요.

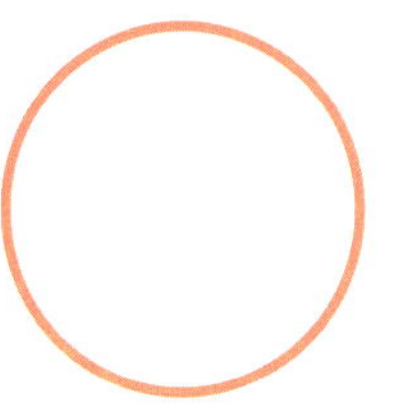

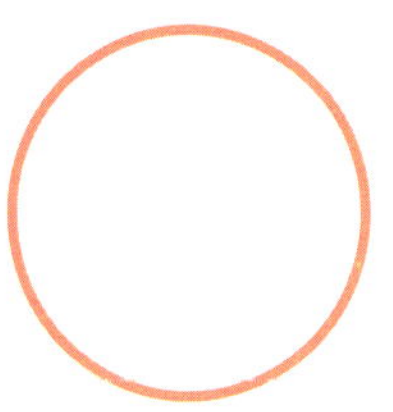

보기 ① 신발을 삽니다. ② 병원에 갑니다.

문장을 완성해요

 그림을 보고 왜 그렇게 되었는지 알맞은 내용을 <보기> 에서 골라 번호를 써 보세요.

○

옷이
젖었습니다.

○

강이
더러워졌습니다.

 보기   ① 비를 맞아서   ② 쓰레기를 버려서

문장을 완성해요

 그림을 보고 왜 그렇게 되었는지 알맞은 내용을 보기 에서 골라 번호를 써 보세요.

○

○

 보기   ① 공에 맞아서   ② 가을이 되어서

쓰 기
문장을 완성해요

월 일

 그림을 보고 왜 그렇게 되었는지 알맞은 내용을 보기 에서 골라 번호를 써 보세요.

○

배가 고픕니다.

○

병원에 갑니다.

보기 ① 이가 아파서 ② 점심을 굶어서

월   일

읽기
쌩쌩쌩 코끼리

 동화를 읽기 전에 어떤 내용일지 상상하며 빈 곳을 색칠해 보세요.

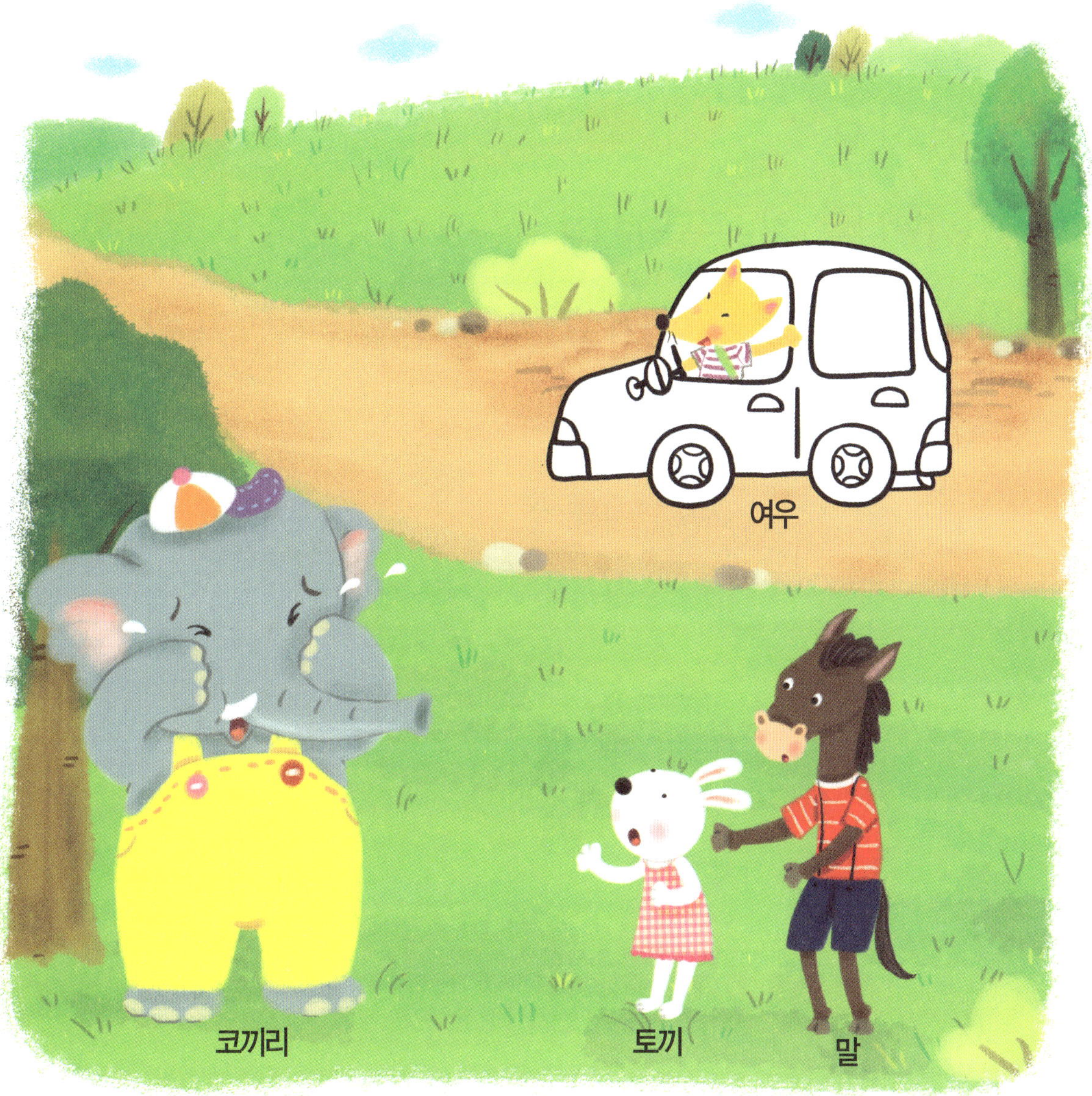

 코끼리는 왜 울고 있는 것인지 상상해 보세요.

쌩쌩쌩 코끼리

 동화를 큰 소리로 읽고 물음에 답해 보세요.

옛날에 몸집이 아주아주 큰 코끼리가
있었어요.
코끼리는 친구들보다 몸집이 큰 것이
언제나 불만이었어요.

코끼리는 친구들보다 　　　이 큰 것이
언제나 불만이었어요.

읽기

쌩쌩쌩 코끼리

월   일

코끼리네 옆집에는 여우가 살고 있었어요.
여우는 멋진 자동차를 가지고 있었어요.
여우는 자동차를 타고 숲길을 따라
쌩쌩쌩 달렸어요.

여우는 무엇을 타고 숲길을 가고 있었나요?

① 비행기   ② 자동차

쌩쌩쌩 코끼리

코끼리도 자동차가 무척 타고 싶었어요.
"우아, 좋겠다. 나도 쌩쌩쌩 달리고 싶어.
나도 태워 줄래?"
하지만 여우는 코끼리가 너무 커서
차에 들어갈 수 없다고 거절했어요.

코끼리는 눈물을 뚝뚝 흘렸어요.
말과 토끼는 코끼리가 불쌍해 보였어요.
그래서 코끼리가 자동차를 타도록
도와주고 싶었어요.

 코끼리가 자동차를 타도록 도와주려고 한
동물은 누구와 누구인가요?

① 곰과 낙타　　　　② 말과 토끼

쌩쌩쌩 코끼리

"영차, 영차."
말과 토끼가 코끼리의 등을 힘껏 밀었어요.
하지만 코끼리는 너무 커서 자동차에
들어갈 수가 없었어요.
코끼리는 몹시 슬펐어요.

코끼리는 자동차를 탈 수 없게 되자 기분이
어땠나요?

① 기뻤어요.　　　　　② 슬펐어요.

읽기
쌩쌩쌩 코끼리

월 일

말과 토끼는 코끼리가 안타까웠어요.
그러다가 문득 좋은 생각을 해냈어요.
"코끼리 발에 자동차처럼 둥근 바퀴를
달아 주면 어떨까?"
"그래! 그게 좋겠다."

말과 토끼는 코끼리의 □에 둥근 바퀴를
달아 주기로 했어요.

쌩쌩쌩 코끼리

말과 토끼는 코끼리의 발에 맞는 커다란
바퀴를 만들었어요.
그리고 바퀴를 코끼리의 발에 달아 주었어요.
"이야, 정말 멋지다!"
이제 코끼리도 쌩쌩쌩 숲길을 달렸어요.

 바퀴를 단 코끼리는 쌩쌩쌩 󰋫󰋫 을
달렸어요.

읽기

쌩쌩쌩 코끼리

 동화의 내용을 생각하며 물음에 답해 보세요.

1 여우는 무엇을 가지고 있었나요?

① 　　② 

2 코끼리는 왜 자동차를 탈 수 없었나요?

① 몸집이 너무 커서

② 자동차에 기름이 다 떨어져서

3 코끼리가 자동차를 탈 수 있도록 도와준 친구가 아닌 것은 누구인가요?

① 　　② 　　③ 

말　　여우　　토끼

숨은 그림을 찾아요

월   일

 그림을 보고 숨은 그림을 찾아보세요.

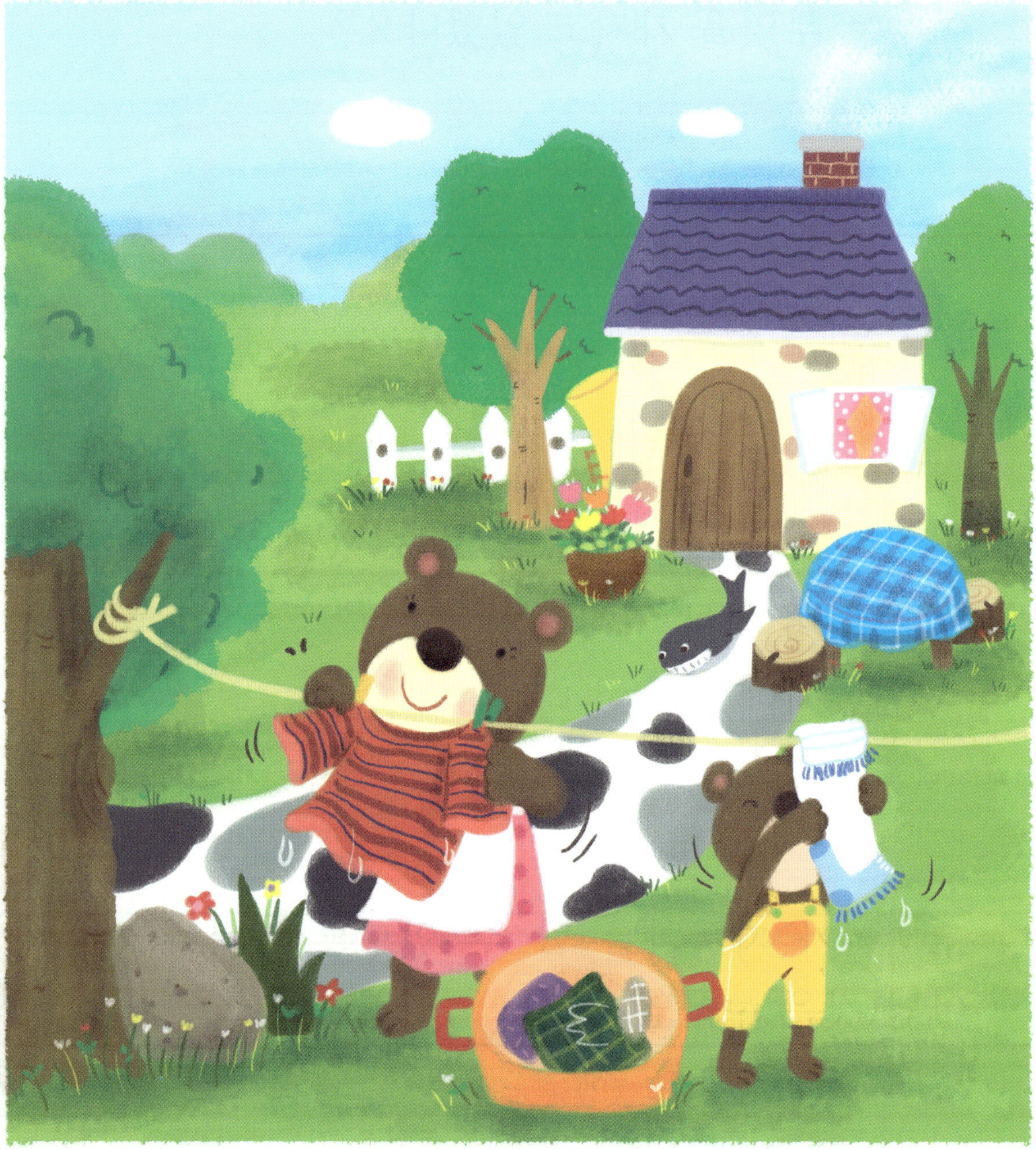

나팔   양말   고래

학습 관리표

	말하기	읽기	쓰기	활동	이번 주는?
금주평가	Ⓐ 아주 잘함	Ⓐ 아주 잘함	Ⓐ 아주 잘함	Ⓐ 아주 잘함	● 학습 방법　❶ 매일매일　❷ 가끔　❸ 한꺼번에　하였습니다.
	Ⓑ 잘함	Ⓑ 잘함	Ⓑ 잘함	Ⓑ 잘함	● 학습 태도　❶ 스스로 잘　❷ 시켜서 억지로　하였습니다.
	Ⓒ 보통	Ⓒ 보통	Ⓒ 보통	Ⓒ 보통	● 학습 흥미　❶ 재미있게　❷ 싫증 내며　하였습니다.
	Ⓓ 부족함	Ⓓ 부족함	Ⓓ 부족함	Ⓓ 부족함	● 교재 내용　❶ 적합하다고　❷ 어렵다고　❸ 쉽다고　하였습니다.

지도 교사가 부모님께	부모님이 지도 교사께

종합 평가	Ⓐ 아주 잘함	Ⓑ 잘함	Ⓒ 보통	Ⓓ 노력해야 함

원교　　　　반　　　이름 :

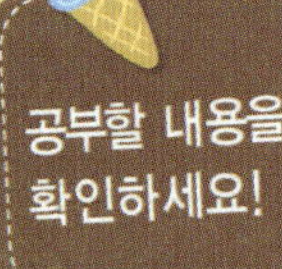

교재 번호	영역	제목	학습 내용
289a	말하기	그림을 보고 상상하여 말해요	그림을 보고 시간의 순서대로 상상하여 이야기를 꾸며 말해 봅니다.
289b~296a	쓰기	겹받침 낱말을 배워요 (ㄺ, ㄼ, ㄾ)	겹받침이 있는 낱말 중에서 'ㄺ, ㄼ, ㄾ'이 들어간 낱말을 구별하여 읽고 써 봅니다.
296b	활동	다른 종류를 찾아요	주어진 그림과 낱말을 보고 종류가 다른 것이 무엇인지 구별하여 찾아봅니다.
297a~304a	읽기	눈사람	지민이와 지수는 밤새 눈이 내린 마당으로 나가 눈사람을 만들며 놀았습니다. 지민이와 지수는 어떤 경험을 하게 되는지 살펴봅니다.
304b	활동	숨은 그림을 찾아요	그림을 보고 숨겨진 그림이 어디에 있는지 찾아봅니다.

그림을 보고 상상하여 말해요

 그림을 보고 상상하여 재미있게 이야기해 보세요.

겹받침 낱말을 배워요(ㄻ, ㄼ, ㄾ)

월 일

 그림을 보고 알맞은 낱말을 써 보세요.

저 + ㄻ = 젊   나이가 ☐☐.

다 + ㄻ = 닮   얼굴이 ☐.

쓰기
겹받침 낱말을 배워요 (ㄹㅁ, ㄹㅂ, ㄹㅌ)

월 일

 그림을 보고 알맞은 낱말을 써 보세요.

구 + ㄹㅁ = 굶   밥을 ☐☐ .

사 + ㄹㅁ = 삶   달걀을 ☐☐ .

쓰기

겹받침 낱말을 배워요(ㄻ, ㄼ, ㄾ)

월 일

그림을 보고 알맞은 낱말을 써 보세요.

바 + ㄼ = 밟

낱엽을 ☐☐.

짜 + ㄼ = 짧

목이 ☐☐.

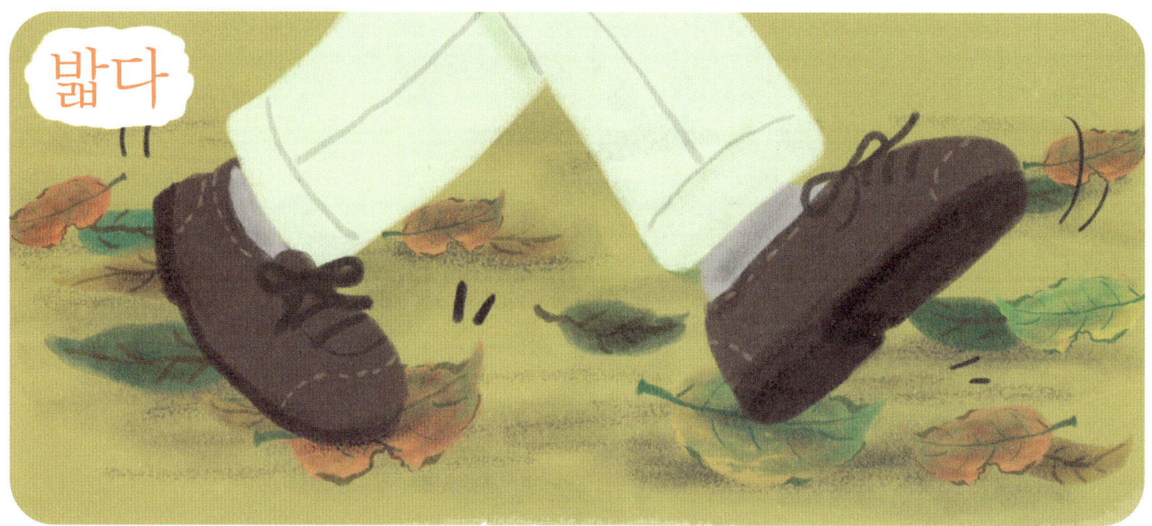

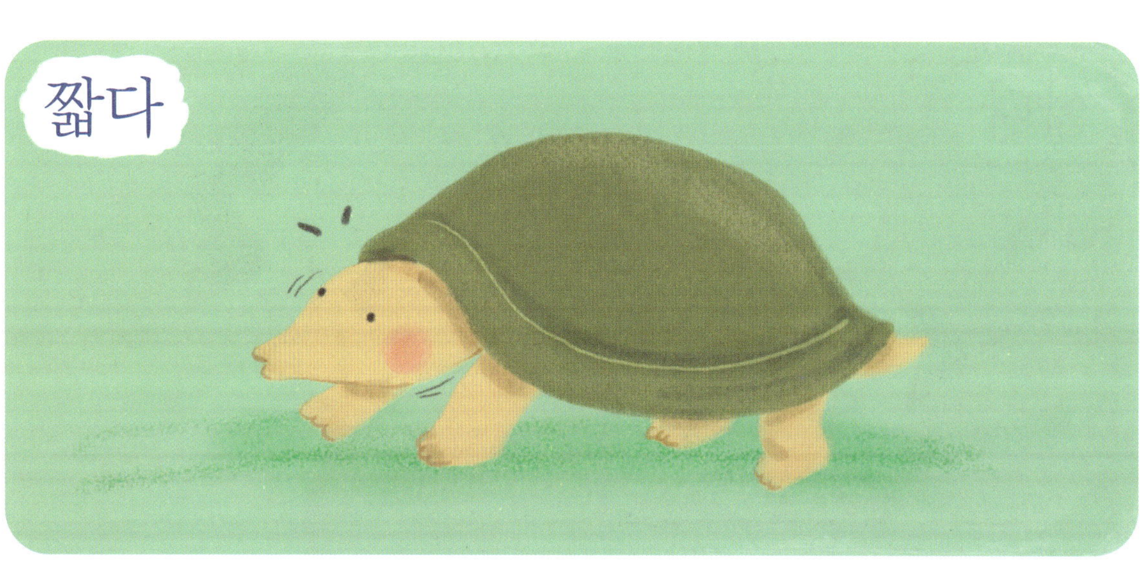

겹받침 낱말을 배워요 (ㄹㅁ, ㄹㅂ, ㄹㅌ)

월   일

 그림을 보고 알맞은 낱말을 써 보세요.

넓다

너 + 쾌 = 넓   바다가 ☐ ☐ .

여덟

더 + 쾌 = 덟   8은 ☐ ☐ .

 그림을 보고 알맞은 낱말을 써 보세요.

하 + ㄾ = 핥   그릇을 □□ .

후 + ㄾ = 훑   벼를 □□ .

쓰 기
겹받침 낱말을 배워요 (ㄿ, ㄼ, ㄾ)

월 일

 그림을 보고 알맞은 낱말을 보기 에서 골라 써 보세요.

밥솥을 싹싹

.

강아지가 손바닥을

.

보기   훑습니다   핥습니다

겹받침 낱말을 배워요(ㄻ, ㄼ, ㄾ)

월   일

 그림을 보고 알맞은 낱말을 보기 에서 골라 써 보세요.

발을

．

서로서로

．

닮다   밟다

월 일

겹받침 낱말을 배워요(ㄹㅁ, ㄹㅂ, ㄹㅌ)

 그림을 보고 알맞은 낱말을 보기 에서 골라 써 보세요.

목이

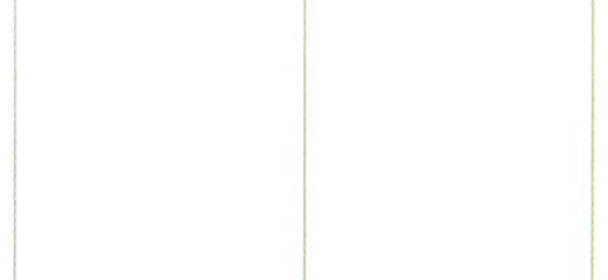

운동장이

짧다   넓다

기탄국어 C293b

쓰기

겹받침 낱말을 배워요(ㄻ, ㄼ, ㄾ)

월 일

낱말을 소리 내어 읽고 공통으로 들어가는 받침을 빈 곳에 써 보세요.

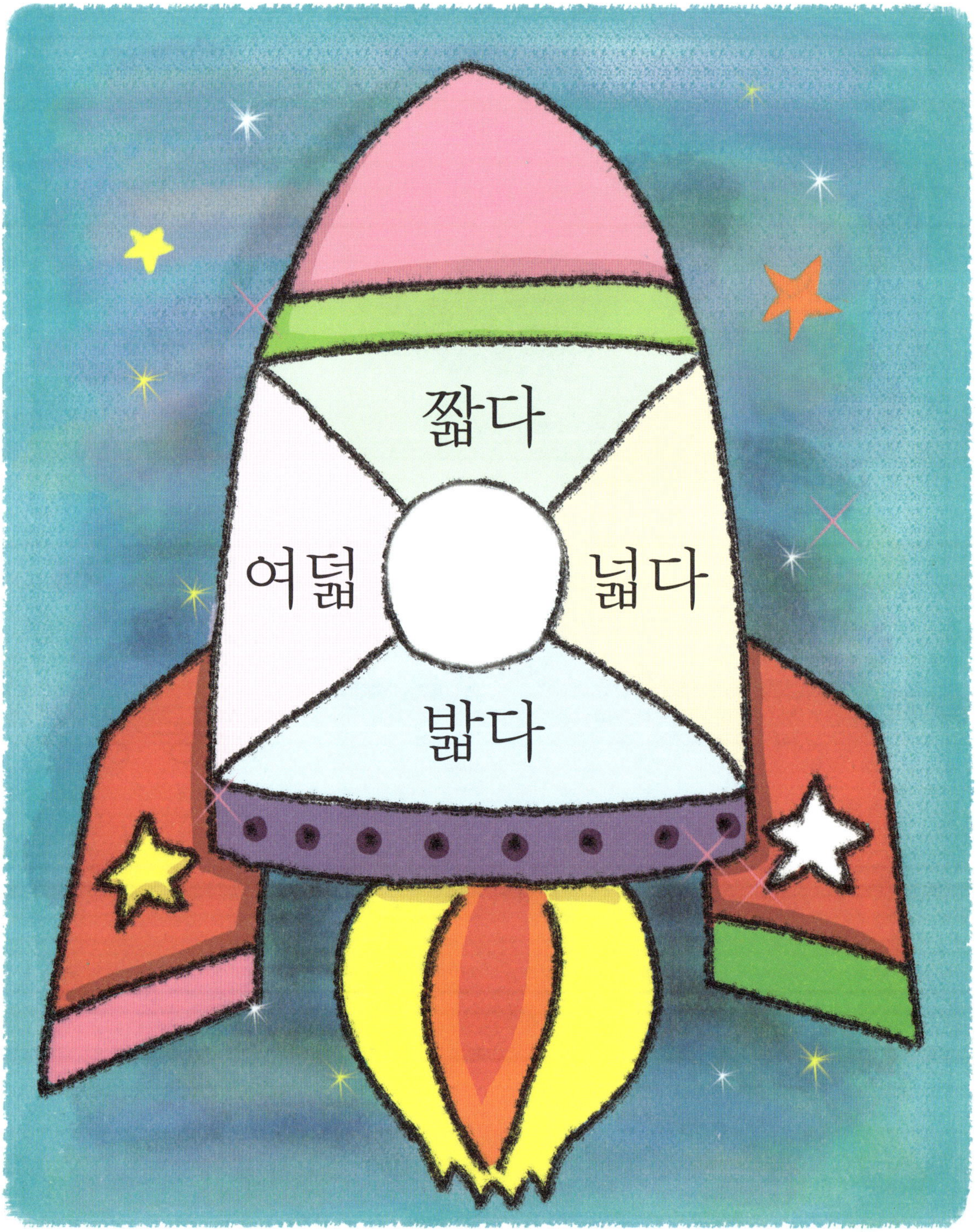

쓰기

겹받침 낱말을 배워요(ㄺ, ㄼ, ㄾ)

🍦 낱말을 소리 내어 읽고 공통으로 들어가는 받침을 빈 곳에 써 보세요.

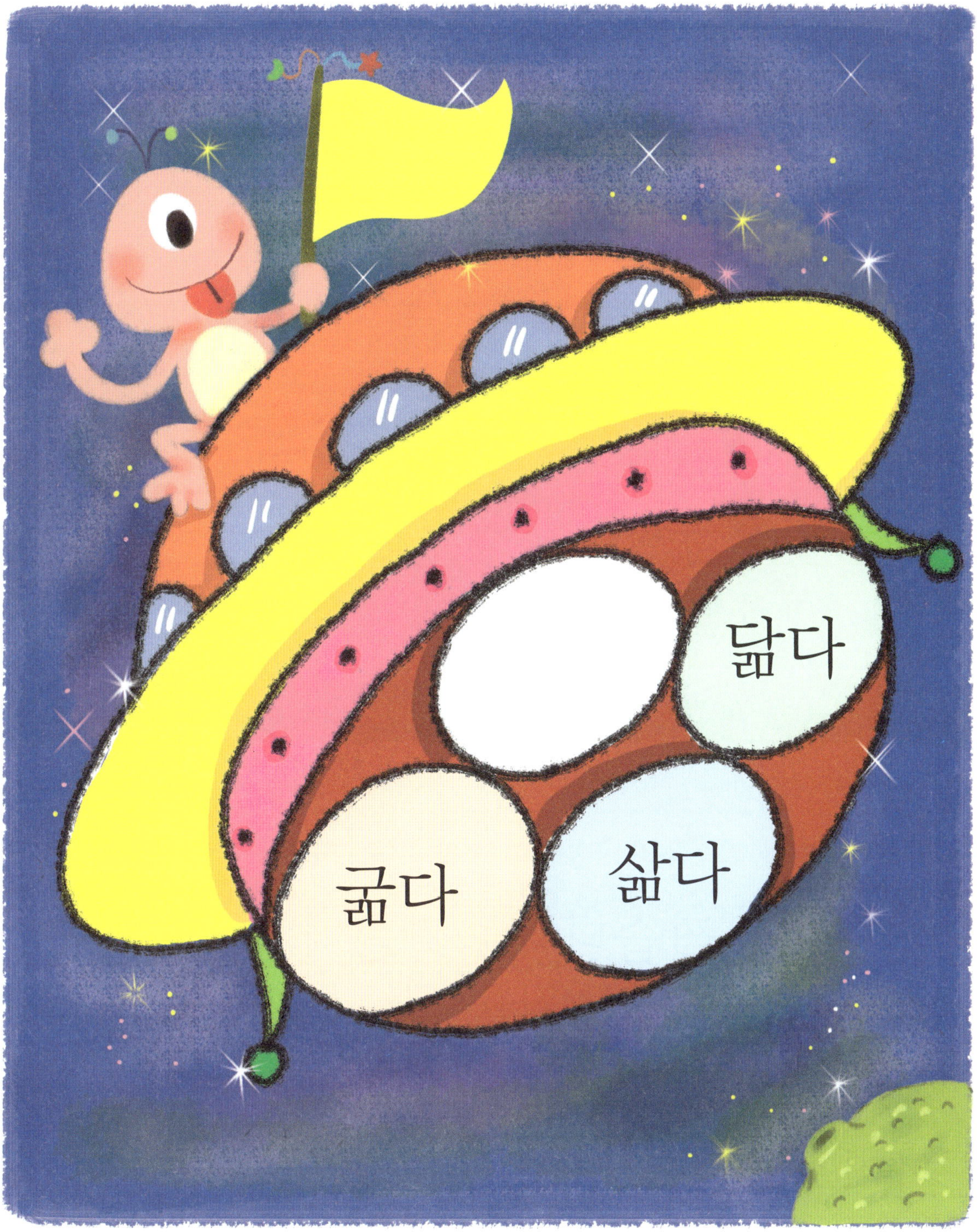

쓰 기
겹받침 낱말을 배워요(ㄻ, ㄼ, ㄾ)

월 일

 그림을 보고 바른 낱말에 ⌒를 해 보세요.

- 바지가 짤습니다, 짧습니다 .

- 아이스크림을 할습니다, 핥습니다 .

겹받침 낱말을 배워요(ㄹㅁ, ㄹㅂ, ㄹㅌ)

월 일

 그림을 보고 바른 낱말에 ◯를 해 보세요.

닮다	담다

밥다	밟다

짧다	짭다

겹받침 낱말을 배워요(ㄻ, ㄼ, ㄾ)

월   일

 글자에 빠진 받침을 보기 에서 골라 써 보세요.

- 바둑이가 손바닥을 핥습니다.

- 냄비에 달걀을 삶습니다.

- 사과가 여덟 개 있습니다.

- 쌍둥이는 얼굴이 닮았습니다.

- 자라는 목이 짧습니다.

보기   ㄻ   ㄼ   ㄾ

쓰기
겹받침 낱말을 배워요(ㄿ, ㄼ, ㄾ)

월   일

 현우가 잠자리를 잡을 수 있도록 글자를 읽으면서 길을 따라가 보세요.

훑다 ▶ 넓다 ▶ 젊다 ▶ 밟다 ▶ 핥다

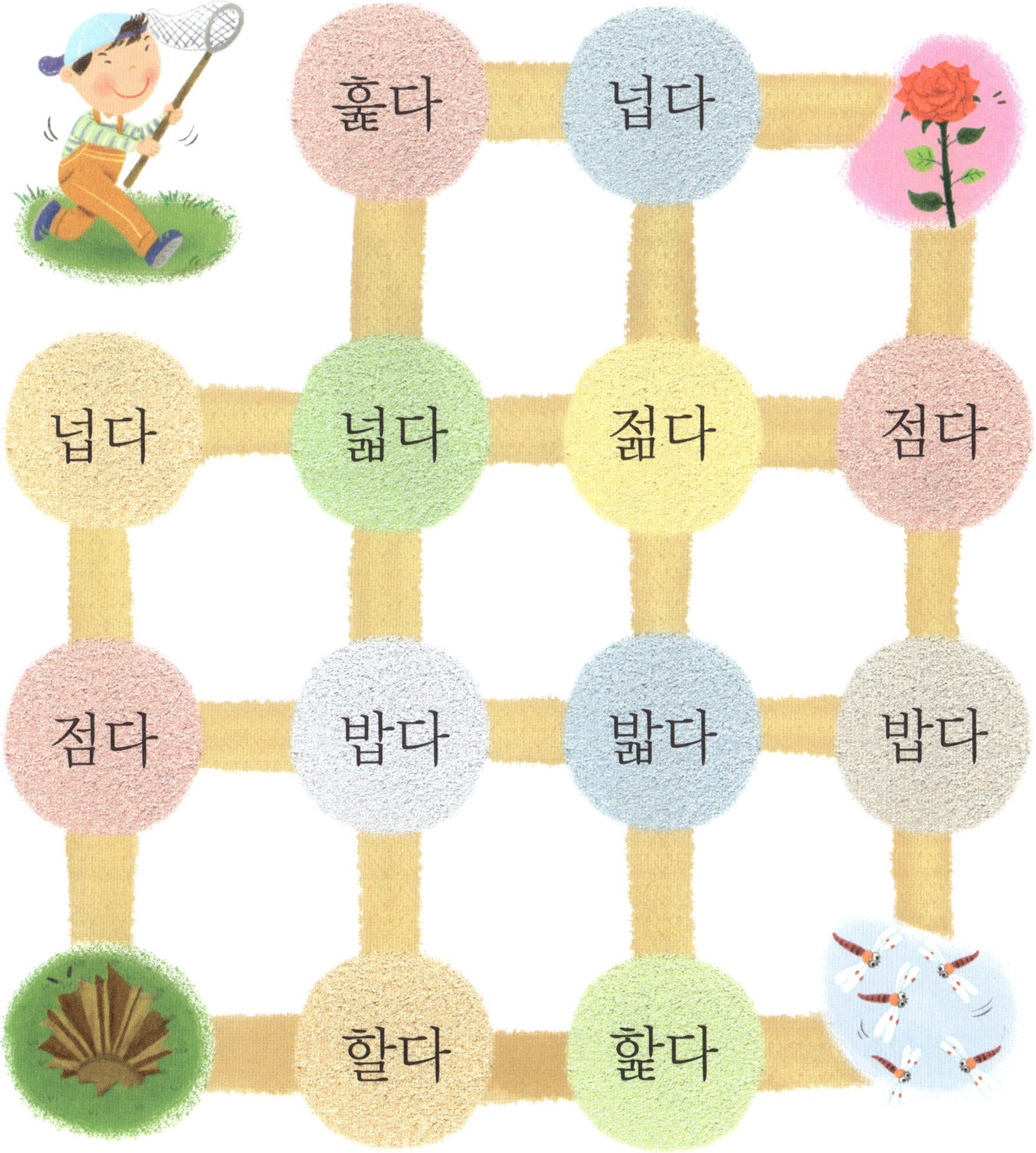

훑다	넙다	
넙다	넓다	젊다	점다
점다	밥다	밟다	밥다
	할다	핥다	

다른 종류를 찾아요

월　일

 그림을 보고 동물이 아닌 것 네 가지를 찾아 그 이름에 ◯를 해 보세요.

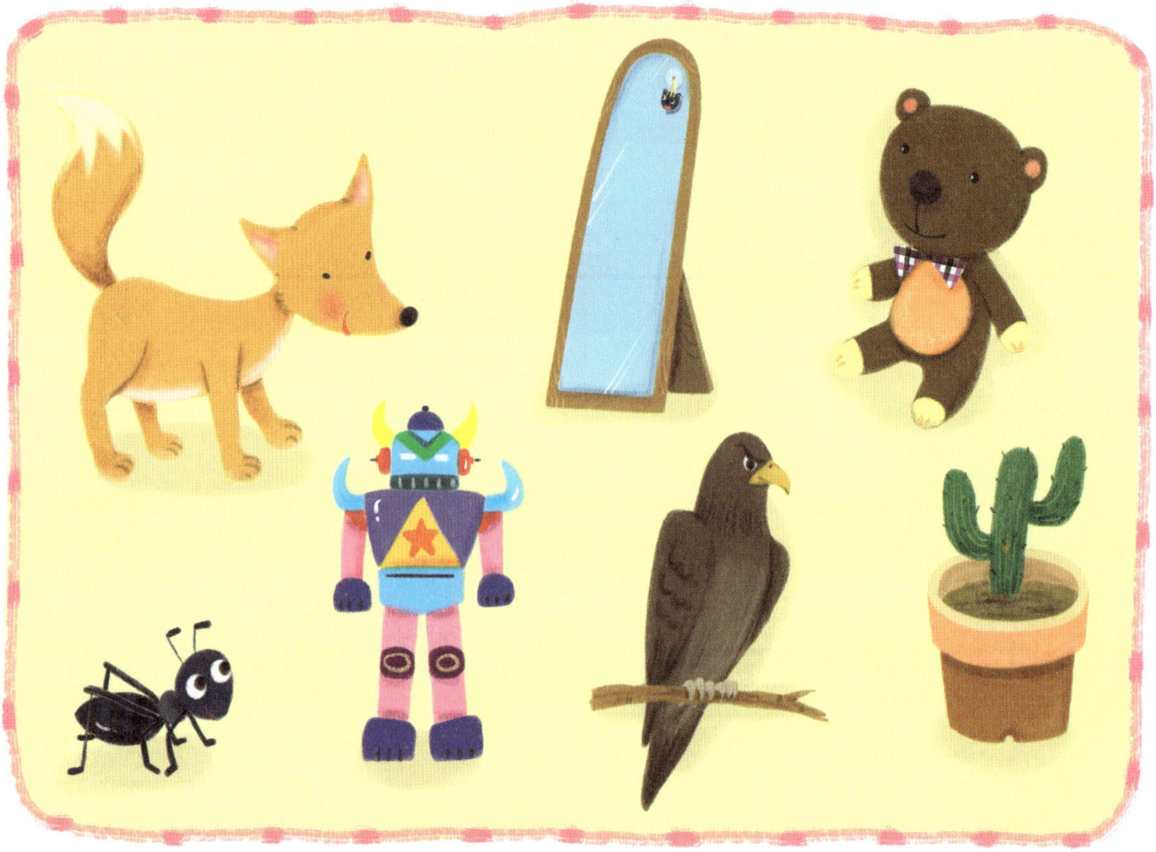

여우　　거울　　곰 인형

개미　　로봇　　독수리　　화분

읽기

눈사람

월 일

 동화를 읽기 전에 어떤 내용일지 상상하여 빈 곳을 색칠해 보세요.

 지민이와 지수가 어떻게 눈사람을 만들었을지 상상해 보세요.

읽 기

눈사람

월   일

 동화를 큰 소리로 읽고 물음에 답해 보세요.

지민이와 지수는 형제예요.

형 지민이는 늦잠을 자고 있었어요.

"형, 어서 일어나."

동생 지수가 방으로 헐레벌떡 들어와

지민이를 깨웠어요.

읽기

눈사람

"형, 밤새 눈이 아주 많이 왔어."
"뭐라고? 정말로 눈이 왔단 말이야?"
"응, 빨리 일어나."
지수는 벌써 일어나 외투도 입고 목도리도
하고 있었어요.

 밤새 ☐ 이 아주 많이 왔어요.

눈사람

자리에서 일어난 지민이는 거울 앞에 서서
외투를 입고 목도리를 했어요.
"형, 빨리 나가자."
"알았어, 조금만 기다려."

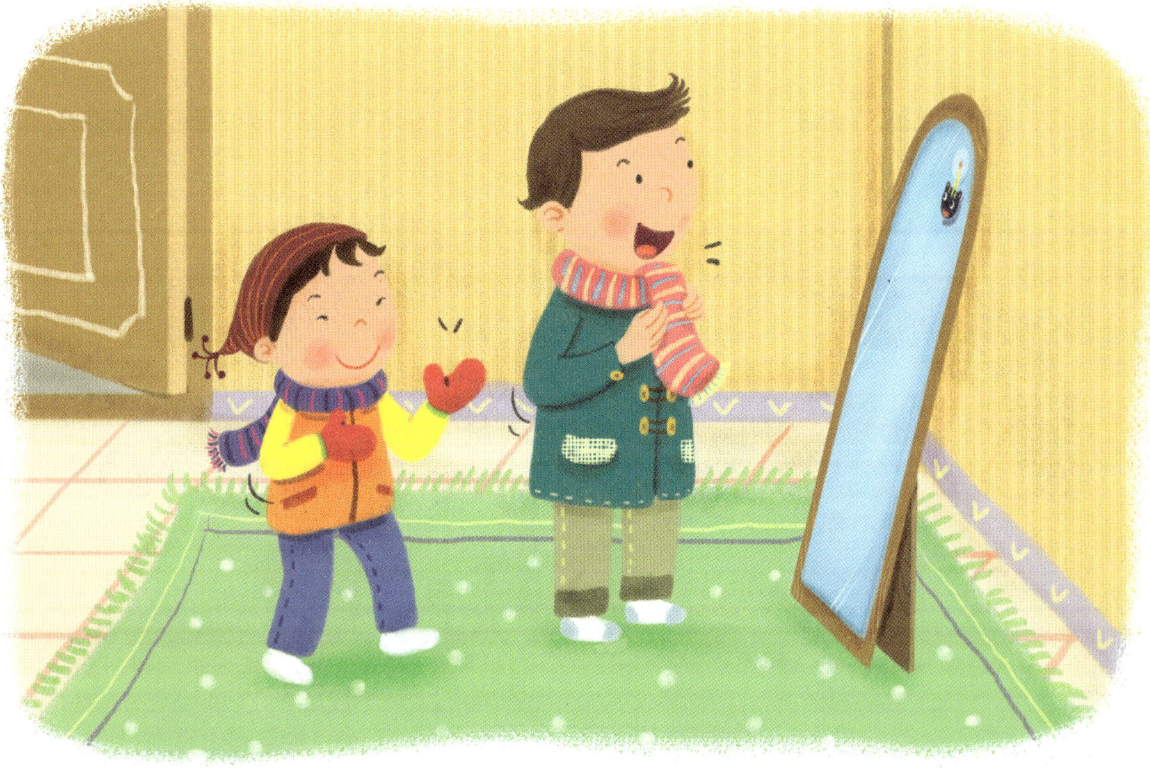

 지민이가 한 것은 무엇과 무엇인가요?

① 모자와 마스크   ② 외투와 목도리

눈사람

지민이와 지수는 마당으로 나왔어요.

"우아, 신난다."

"형, 정말 눈이 많이 왔지?"

지민이와 지수는 쌓인 눈을 보며 기뻐했어요.

 지민이와 지수는 어디로 나왔나요?

① 마당   ② 운동장

마당에는 눈이 소복이 쌓여 있었어요.
눈은 장독대에도, 나뭇가지 위에도 쌓여
있었어요.
"형, 우리 눈사람 만들까?"
"그래, 좋아."
지민이와 지수는 눈사람을 만들기로 했어요.

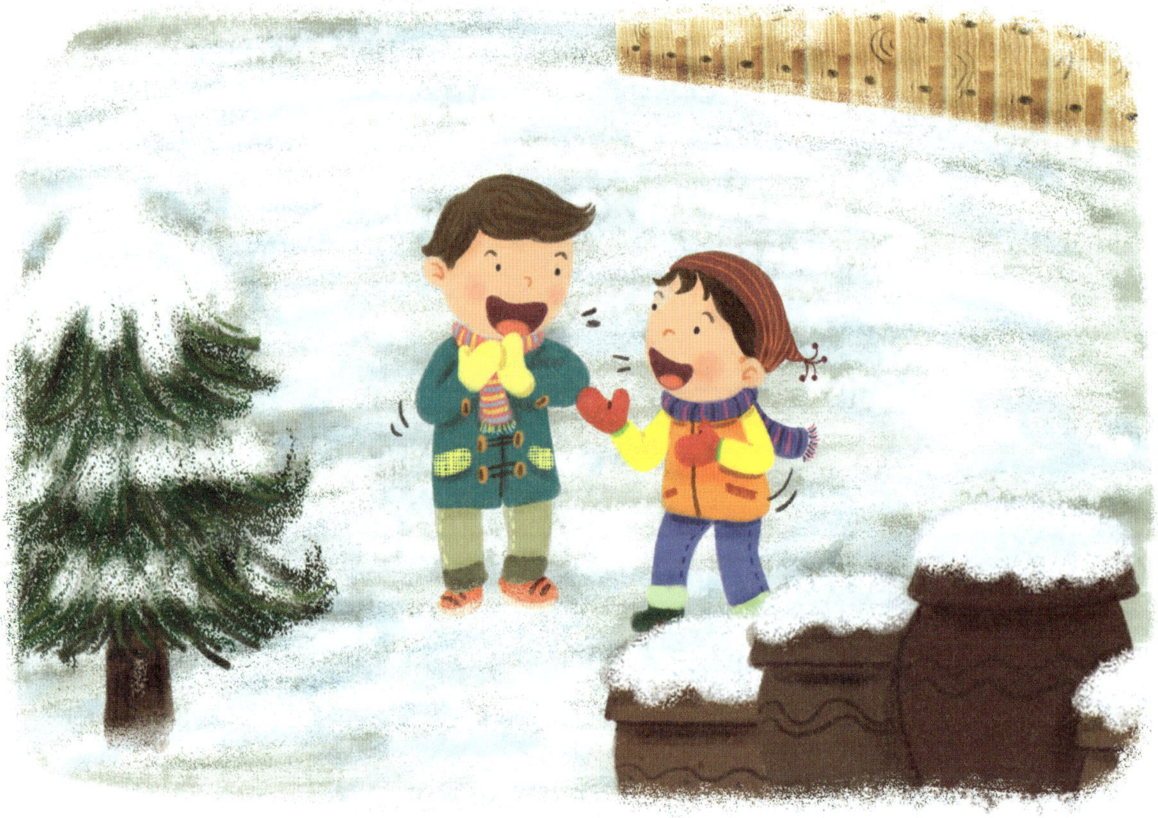

눈사람

지수는 작은 눈덩이를 굴렸어요.
작은 눈덩이를 데굴데굴 계속 굴렸어요.
지민이는 더 큰 눈덩이를 만들었어요.

 지민이와 지수는 　　　　을 만들기
로 했어요.

읽기

눈사람

월 일

"아휴, 힘들어."
지민이는 땀을 닦았어요.
어느덧 눈사람의 몸과 머리가 될 눈덩이가 만들어졌어요.
"형, 눈사람의 몸에 머리를 올리자."

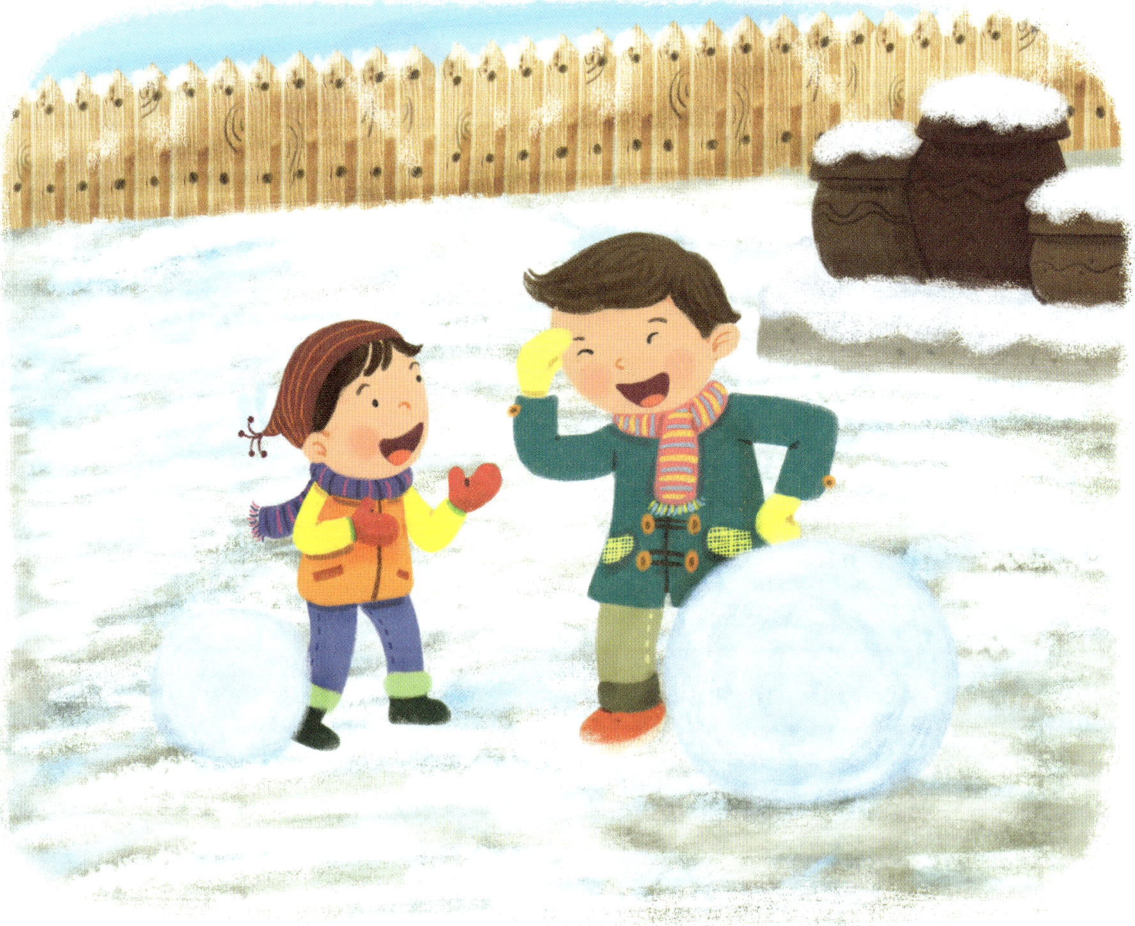

지민이와 지수는 힘을 합쳐 작은 눈덩이를
큰 눈덩이 위에 올렸어요.
지수는 눈사람에게 해 주려고 목도리를
풀었어요.

지민이와 지수는 힘을 합쳐 ☐ ☐ 눈
덩이를 ☐ 눈덩이 위에 올렸어요.

지민이는 지수가 주워 온 나뭇가지로
눈사람의 팔을 만들고, 거기에 장갑을 벗어
끼워 주었어요.
"우아, 눈사람한테 팔이 생겼어."
지수는 들고 있던 목도리를 눈사람에게
둘러 주었어요.

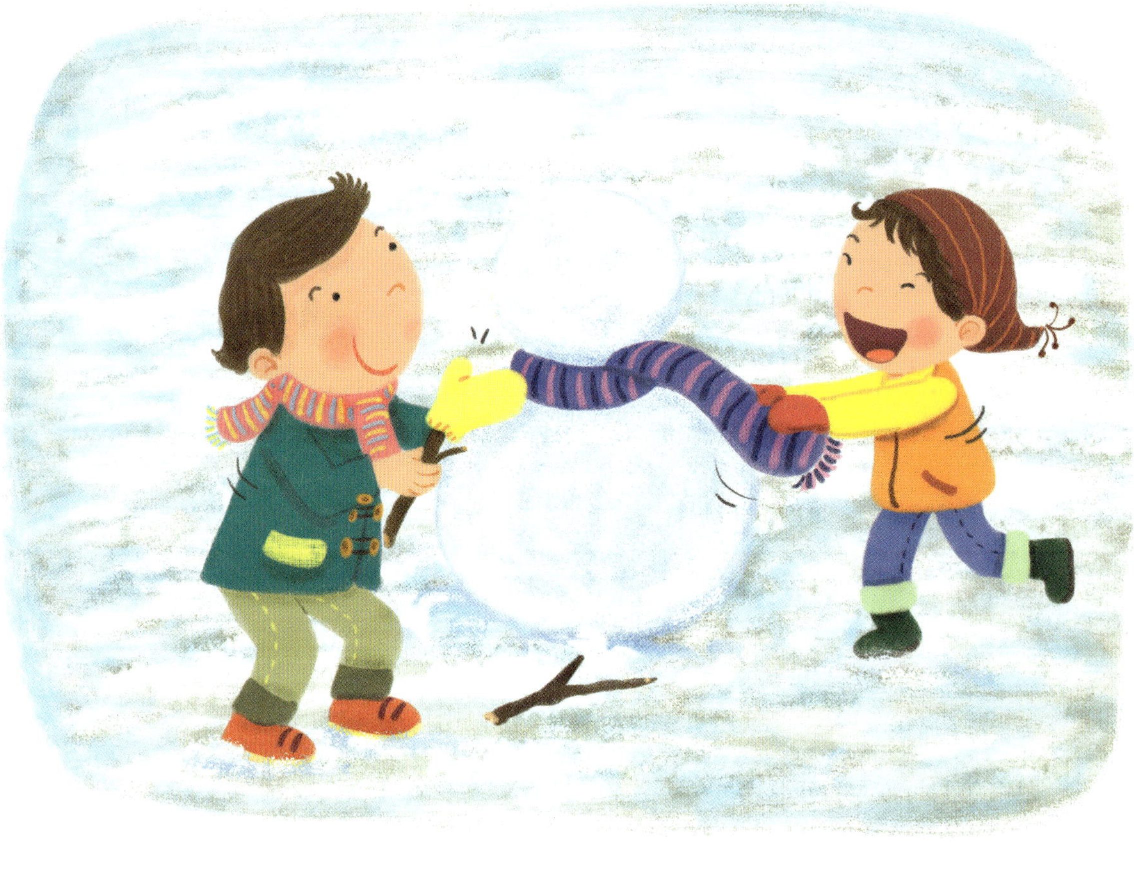

읽기

눈사람

또 지수는 장독대에 가서 작고 까만 돌멩이를 주워 왔어요.

지민이는 돌멩이로 눈사람의 눈을 만들어 주었어요.

그리고 귀여운 코도 만들어 주었어요.

지민이는 까만 　　　　　　　로 눈사람의 눈과 코를 만들었어요.

읽기

눈사람

월 일

지민이는 자기 외투를 벗어 눈사람에게 입혀 주었어요.

그리고 나뭇잎을 가져다가 눈사람의 입을 만들었어요.

지수는 콩콩 뛰며 좋아했어요.

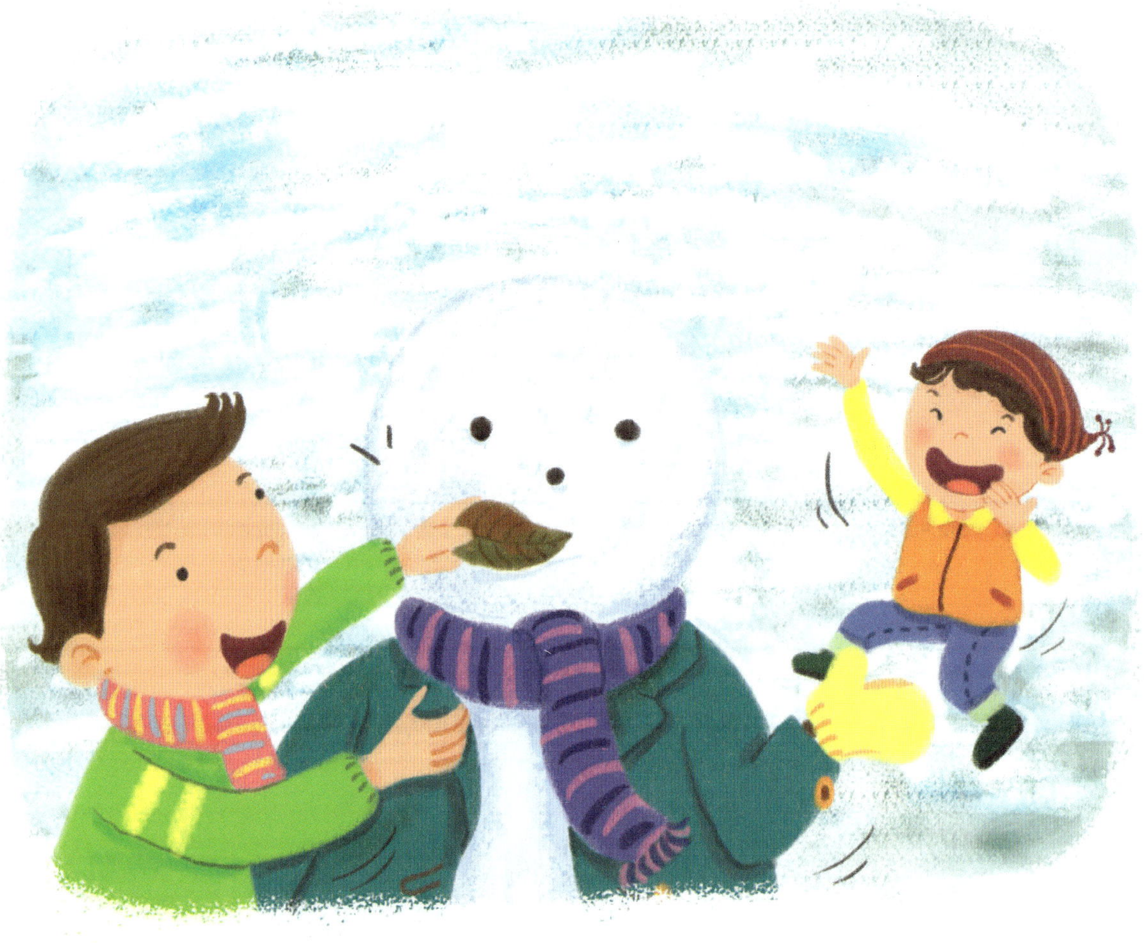

읽 기
눈사람

월 일

"지수야, 지민아! 고마워! 이제 하나도 춥지
않아."
눈사람이 웃으며 말했어요.
지민이와 지수도
눈사람을 보고
활짝 웃었어요.
하늘에서 함박눈이
다시 내렸어요.
지민이와 지수는
눈사람과 함께
눈을 맞으며 서
있었어요.

 하늘에서 ☐☐ 이 다시 내렸어요.

월 일

🍦 동화의 내용을 생각하며 물음에 답해 보세요.

1 어느 계절에 있었던 일인가요?

① 　　② 

2 눈사람을 만든 사람은 누구인가요?

① 　　② 

3 지민이는 눈사람을 만들면서 나뭇가지에 무엇을 끼워 주었나요?

① 　　② 

4 지민이는 외투를 벗어 어떻게 했나요?

① 

② 

5 지민이와 지수가 만든 눈사람은 무엇인가요?

① 

② 

6 눈사람은 지민이와 지수에게 어떤 말을 했나요?

① 고마워!　　　　　② 미안해!

활동

숨은 그림을 찾아요

월   일

🍦 그림을 보고 숨은 그림을 찾아보세요.

장갑   목도리   털모자

학습 관리표

금주평가	말하기	읽기	쓰기	활동	이번 주는?
	Ⓐ 아주 잘함	Ⓐ 아주 잘함	Ⓐ 아주 잘함	Ⓐ 아주 잘함	● 학습 방법　❶ 매일매일　❷ 가끔　❸ 한꺼번에　하였습니다.
	Ⓑ 잘함	Ⓑ 잘함	Ⓑ 잘함	Ⓑ 잘함	● 학습 태도　❶ 스스로 잘　❷ 시켜서 억지로　하였습니다.
	Ⓒ 보통	Ⓒ 보통	Ⓒ 보통	Ⓒ 보통	● 학습 흥미　❶ 재미있게　❷ 싫증 내며　하였습니다.
	Ⓓ 부족함	Ⓓ 부족함	Ⓓ 부족함	Ⓓ 부족함	● 교재 내용　❶ 적합하다고　❷ 어렵다고　❸ 쉽다고　하였습니다.

지도 교사가 부모님께	부모님이 지도 교사께

종합 평가	Ⓐ 아주 잘함	Ⓑ 잘함	Ⓒ 보통	Ⓓ 노력해야 함

원교　　　반　　　이름 :

교재 번호	영역	제목	학습 내용
305a~311a	쓰기	겹받침 낱말을 배워요 (ㄼ, ㅀ, ㅄ)	겹받침이 있는 낱말 중에서 'ㄼ, ㅀ, ㅄ'이 들어간 낱말을 구별하여 읽고 써 봅니다.
311b~312a	활동	무엇이 필요할까요?	그림을 보고 사람들이 무엇을 하는 장면인지 생각해 보고 필요한 것이 무엇일지 연상해 봅니다.
312b	말하기	그림을 보고 상상하여 말해요	그림을 보고 시간의 순서대로 상상하여 이야기를 꾸며 말해 봅니다.
313a~320b	읽기	요술 냄비	가난한 선비가 논두렁에서 죽어 가는 올챙이들을 구해 주고 어떤 일을 겪게 되는지 살펴봅니다.

쓰 기
겹받침 낱말을 배워요 (ㄿ, ㅀ, ㅄ)

월 일

 그림을 보고 알맞은 낱말을 써 보세요.

으 + ㄿ = 읊   시를 ☐☐.

ㄲ + ㅀ = 끓   물이 ☐☐.

 그림을 보고 알맞은 낱말을 써 보세요.

이 + ㅀ = 잃   길을 [ ][ ].

시 + ㅀ = 싫   약이 [ ][ ].

쓰 기
겹받침 낱말을 배워요(ㄿ, ㅀ, ㅄ)

월 일

 그림을 보고 알맞은 낱말을 **보기** 에서 골라 써 보세요.

안경을

☐ ☐ .

주사가

☐ ☐ .

잃다   싫다

 그림을 보고 알맞은 낱말을 써 보세요.

뚜 + ㄿ = 뚫   구멍을 ☐☐ .

아 + ㄶ = 앓   병을 ☐☐ .

 그림을 보고 알맞은 낱말을 보기 에서 골라 써 보세요.

구멍을

｜　｜　｜ .

치통을

｜　｜　｜ .

보기　　　앓다　　　　뚫다

 그림을 보고 알맞은 낱말을 써 보세요.

없다

어 + ㅄ = 없 뽈이 ☐☐.

값

가 + ㅄ = 값 ☐이 비싸다.

쓰기

겹받침 낱말을 배워요(ㄿ, ㅀ, ㅄ)

 그림을 보고 알맞은 낱말을 보기 에서 골라 써 보세요.

공책이

.

이

얼마예요?

값   없다

 빈칸에 알맞은 받침 스티커를 붙여 보세요.

값이 비싸다.
?

약이 싫다.
?

사과가 없다.
?

구멍을 뚫다.
?

겹받침 낱말을 배워요 (ㄿ, ㅀ, ㅄ)

그림을 보고 알맞은 낱말을 보기 에서 골라 써 보세요.

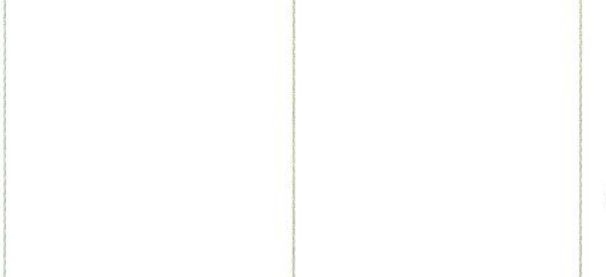

없다   싫다

 그림을 보고 바른 낱말에 ◯를 해 보세요.

잃다   일다

싫다   실다

뚤다   뚫다

겹받침 낱말을 배워요(ㄿ, ㅀ, ㅄ)

 그림을 보고 바른 낱말에 ⭕를 해 보세요.

갑	값

읊다	읖다

없다	업다

겹받침 낱말을 배워요 (ㄹㅍ, ㄹㅎ, ㅄ)

월   일

 아기 공룡이 아빠 공룡을 찾을 수 있도록 글자를 읽으면서 길을 따라가 보세요.

읊다 ➡ 뚫다 ➡ 없다 ➡ 끓다

겹받침 낱말을 배워요 (ㄿ, ㅀ, ㅄ)

 그림을 보고 관계있는 말끼리 이어 보세요.

물이

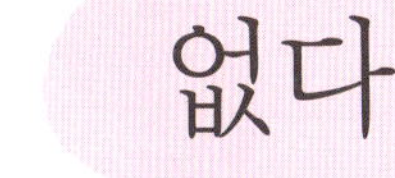

뿔이

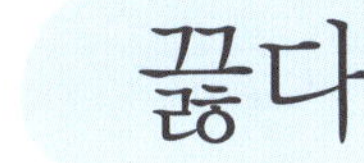

병을

무엇이 필요할까요?

월   일

 그림을 보고 필요한 물건을 찾아 알맞은 그림 스티커를 붙여 보세요.

활 동

무엇이 필요할까요?

월 일

 그림을 보고 필요한 물건에 ◯를 해 보세요.

그림을 보고 상상하여 말해요

월 일

 그림을 보고 상상하여 재미있게 이야기해 보세요.

제비가 봄에 우리나라로 와서 무엇을 하는지 제비 흉내를 내면서 실감 나게 이야기해 보게 하세요.

읽기
요술 냄비

동화를 읽기 전에 어떤 내용일지 상상하며 빈 곳을 색칠해 보세요.

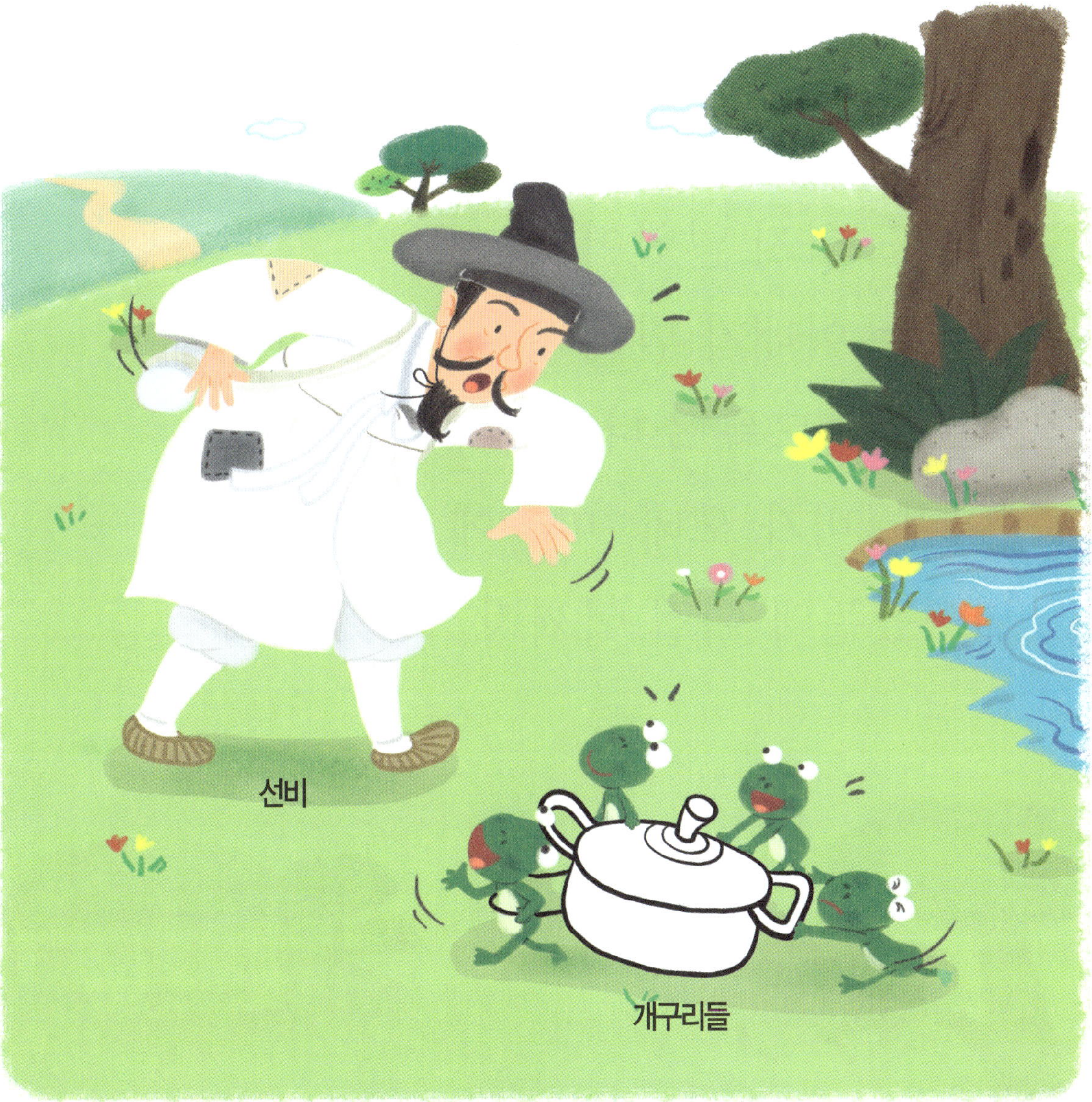

개구리들이 무엇을 하고 있는지 상상해 보세요.

요술 냄비

동화를 큰 소리로 읽고 물음에 답해 보세요.

어느 마을에 가난한 선비가 살고 있었어요.
선비는 날마다 방에서 책만 보느라 일은
하나도 하지 않았어요.
하루는 아내가 밭에 나가 일을 하는데,
후드득후드득 소나기가 쏟아졌어요.
"이런, 비가 오네. 마당에 보리를
널어놨는데 이걸 어쩌지?"

요술 냄비

월 일

아내가 헐레벌떡 집에 와 보니, 보리가
모두 젖어 있었어요.
"더 이상 못 살겠어요. 책만 보지 말고
나가서 돈 좀 벌어 오세요."
선비는 하는 수 없이 보따리를 메고 집을
나섰어요.

선비는 왜 집을 나섰나요?

① 돈을 벌려고　　② 사냥을 하려고

요술 냄비

선비는 터벅터벅 길을 걷다가 잠시 쉬었다
가려고 논두렁 옆에 앉았어요.
그런데 다 마른 웅덩이에 올챙이들이 모여
있는 게 보였어요.
올챙이들은 꼼지락거렸어요.
마치 살려 달라는 것처럼 보였어요.
"어허, 물이 말라서 죽어 가고 있구나."

선비는 불쌍한 생각이 들어 올챙이들을
가까운 연못에 넣어 주었어요.
올챙이들은 고맙다는 듯 꼬리를 살랑살랑
흔들며 물속으로 사라졌어요.
선비는 다시 길을 떠나 이 마을 저 마을을
떠돌아다녔어요.

 선비는 어디에서 잠시 쉬었나요?

① 원두막　　　　② 논두렁 옆

하지만 돈을 벌기는커녕 하루하루 밥을
챙겨 먹기도 힘들었어요.
"이럴 바에야 집으로 돌아가는 게 낫겠어."
선비는 돌아다니느라 지치고 배가 고팠어요.
그래서 집으로 돌아가기로 마음먹었어요.
돌아오는 길에 올챙이들을 구해 준 연못가에
이르렀어요.

"좀 쉬었다 가야겠다. 휴, 이렇게 돌아가면
아내가 가만있지 않을 텐데……."
그때였어요.
"어, 이게 뭐지?"
발밑에 꿈틀거리는 것이 있어서 바라보니,
개구리들이 무언가를 끌어당기고 있었어요.

🐤 선비의 발밑에서 꿈틀거리고 있었던 것은
무엇인가요?

① 지렁이들   ② 개구리들

요술 냄비

자세히 들여다보니 낡은 냄비였어요.
개구리들은 선비 앞에 냄비를 끌어다 놓고는
넙죽 절을 했어요.
그러고는 하나둘씩 퐁당퐁당 연못으로
다시 뛰어들어 갔어요.
"거참, 신기한 일도 다 있네."

읽기

요술 냄비

월 일

선비는 냄비를 들고 집으로 돌아왔어요.

"여보, 나 왔소."

"흥! 쌀도 없는데 그 냄비로 대체 무엇을 해 잡수시려고요?"

아내는 뽀로통하니 화를 냈어요.

선비의 아내는 왜 화를 냈을까요?

① 선비가 늦게 들어와서

② 선비가 돈을 벌어 오지 않아서

"여보, 미안하오. 어쨌거나 배가 고프니
밥 좀 주오."
선비가 말하자 아내가 말했어요.
"이제 쌀도 한 톨밖에 없는데 무슨 수로
밥을 해요?"
"배가 고프니 그거라도 끓여 주오."

아내는 하는 수 없이 선비가 가져온 냄비에
쌀 한 톨을 넣고 밥을 지었어요.
그런데 잠시 후 정말 신기한 일이 벌어졌어요.
보글보글 물이 넘쳐 뚜껑을 열어 보니,
냄비에 한가득 밥이 지어져 있었어요.

쌀 한 톨을 냄비에 넣고 밥을 짓자 어떻게
되었나요?

① 쌀이 금으로 변했어요.

② 밥이 냄비에 한가득 지어졌어요.

요술 냄비

“여보, 여보! 이것 좀 봐요.”
아내가 소리쳤어요. 선비는 달려 나와
냄비에 가득 찬 밥을 보았어요.
“어허, 신기한 일도 다 있네.
혹시 이게 요술 냄비가 아닐까?
어디 한번 엽전을 넣고 끓여 봅시다.”
옛날에 사용하던 돈
잠시 후 냄비를 열어 보니 엽전이 그득했어요.

그제야 선비는 무릎을 탁 치며 소리쳤어요.
"아하, 올해 봄에 구해 준 올챙이들이
개구리가 되어 은혜를 갚은 거로구나."
개구리의 요술 냄비 덕분에 선비와 아내는
큰 부자가 되었답니다.

개구리들은 올챙이였을 때 선비가 살려 준

□□ 를 갚았어요.

요술 냄비

동화의 내용을 생각하며 물음에 답해 보세요.

1 선비는 날마다 무엇을 하며 지냈나요?

① 

② 

2 선비는 다 마른 웅덩이 속의 올챙이를 어떻게 했나요?

① 

집으로 가져갔어요.

② 

연못에 놓아주었어요.

3 개구리들이 선비에게 가져다준 것은 무엇인가요?

① 

② 

월 일

4 냄비를 가져다준 개구리는 어렸을 때에는 무엇이었나요?

① 　　　　　　　　　　　②

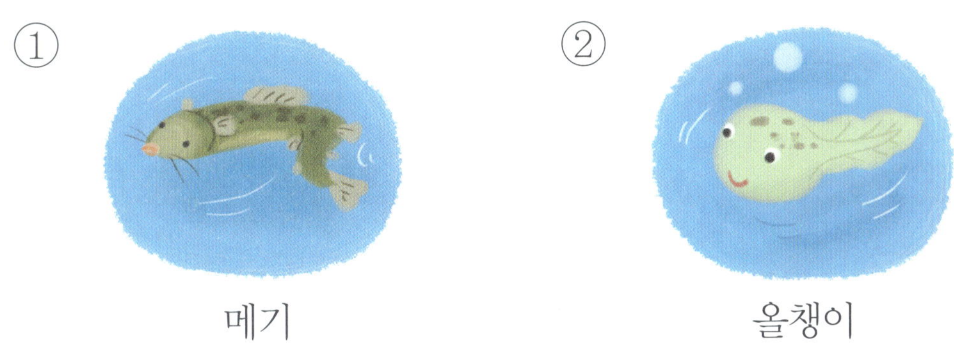

메기　　　　　　　　　　올챙이

5 선비의 아내는 선비가 가져온 냄비에 무엇을 넣고 밥을 지었나요?

① 　　　　　　　　　　　②

쌀 한 톨　　　　　　　　쌀 한가득

6 개구리들은 선비에게 신기한 요술 냄비를 왜 주었을까요?

① 선비에게 은혜를 갚으려고

② 선비의 집에 냄비가 없어서

요술 냄비

 그림을 보고 이야기의 순서에 맞게 번호를 써 보세요.

★정답은 따로 보관하고 있다가 채점할 때 사용해 주세요.

정답

257a
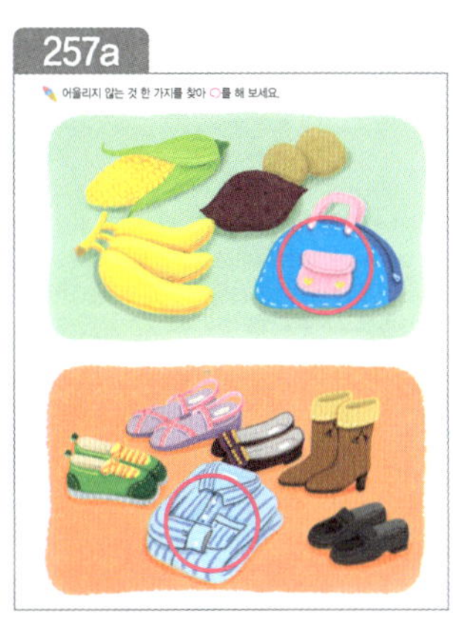
어울리지 않는 것 한 가지를 찾아 ○를 해 보세요.

257b

그림을 보고 알맞은 낱말을 써 보세요.

꺼 + ㄲ = 껐
꽃을 꺾다.

까 + ㄲ = 깎
연필을 깎다.

다 + ㄲ = 닦
거울을 닦다.

258a

그림을 보고 알맞은 낱말을 〈보기〉에서 골라 써 보세요.

엄마가 사과를 깎습니다.

이모가 창문을 닦습니다.

〈보기〉 닦습니다   깎습니다

258b

그림을 보고 알맞은 낱말을 써 보세요.

이 + ㅆ = 있
과일이 있다.

해 + ㅆ = 했
낚시를 했다.

사 + ㅆ = 샀
신발을 샀다.

259a

그림을 보고 알맞은 낱말을 〈보기〉에서 골라 써 보세요.

새장 속에 새가 있습니다.

장난감을 샀습니다.

〈보기〉 있습니다   샀습니다

259b

그림을 보고 알맞은 낱말을 써 보세요.

모 + ㄳ = 몫 몫

품삯

사 + ㄳ = 삯 품삯

260a

그림을 보고 알맞은 낱말을 〈보기〉에서 골라 써 보세요.

예쁜 인형은 내 몫입니다.

농사일을 돕고 품삯을 받습니다.

〈보기〉 품삯   몫

260b

그림을 보고 알맞은 낱말을 〈보기〉에서 골라 써 보세요.

책을 샀습니다.

머리를 깎습니다.

〈보기〉 깎습니다   샀습니다

261a

그림을 보고 알맞은 낱말을 〈보기〉에서 골라 써 보세요.

엄마의 심부름은 내 몫입니다.

낚시를 했습니다.

〈보기〉 낚시   몫

261b

그림을 보고 알맞은 낱말을 써 보세요.

• 냉장고가 있습니다.
• 식탁이 있습니다.
• 밥솥이 있습니다.

262a

그림을 보고 알맞은 낱말을 써 보세요.

• 몸을 닦습니다.
• 이를 닦습니다.
• 거울을 닦습니다.

262b

그림을 보고 바른 낱말에 스티커를 붙여 보세요.

품삯 ⬤
뿜삯 ?

샀다 ?
샀다 ⬤

닦다 ⬤
닥다 ?

263a

두 그림에서 공통되는 낱말을 〈보기〉에서 골라 써 보세요.

꺾다   깎다

〈보기〉 깎다   꺾다   닦다

263b
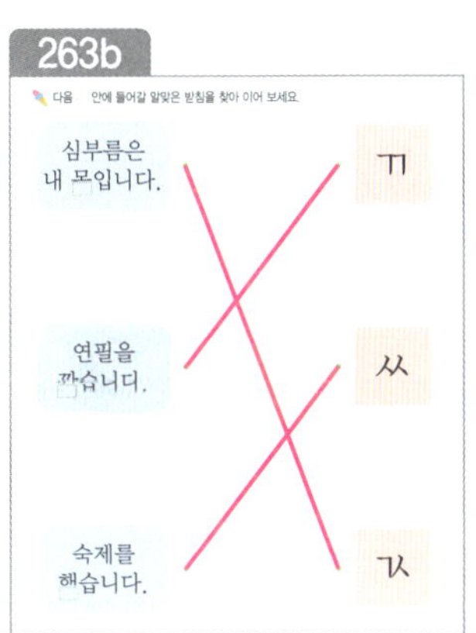
다음 □ 안에 들어갈 알맞은 받침을 찾아 이어 보세요.

심부름은 내 몫입니다.　　ㄲ

연필을 깎습니다.　　ㅆ

숙제를 해습니다.　　ㄳ

264a
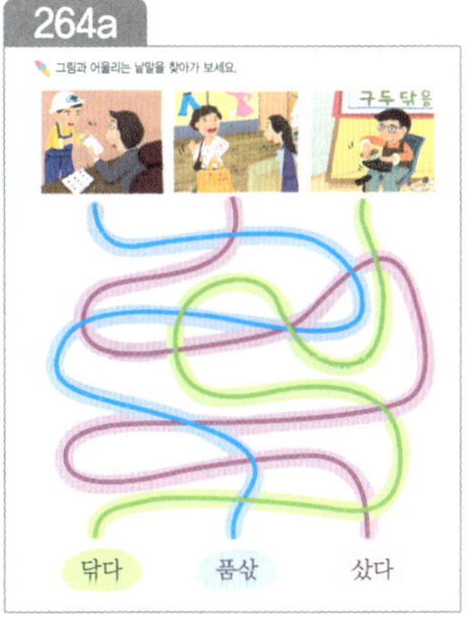
그림과 어울리는 낱말을 찾아가 보세요.

구두닦을

닦다   품삯   샀다

264b
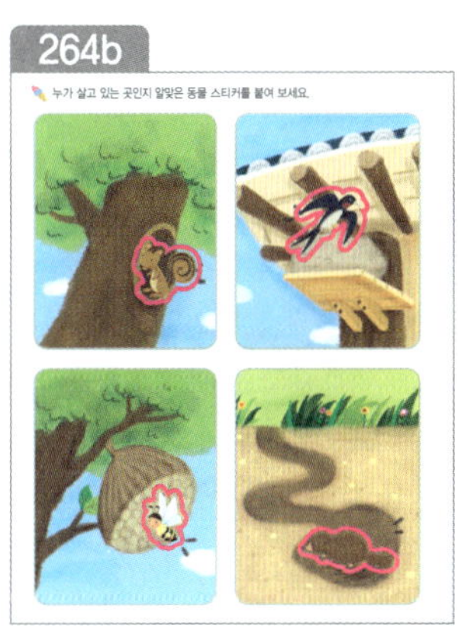
누가 살고 있는 곳인지 알맞은 동물 스티커를 붙여 보세요.

265a

동화를 읽기 전에 어떤 내용일지 상상하며 빈 곳을 색칠해 보세요.

농부는 사자에게 어떤 말을 했을지 상상해 보세요.

265b

동화를 큰 소리로 읽고 물음에 답해 보세요.

사자 한 마리가 숲속을 어슬렁어슬렁
돌아다니고 있었어요.
그런데 어디선가 아름다운 노랫소리가
들려왔어요.
"어, 이게 무슨 소리지?"
사자는 소리가 나는 곳으로 가 보았어요.

266a

그곳에는 아름다운 아가씨가 노래를 부르며
산딸기를 따고 있었어요.
"와, 정말 예쁘다.
저렇게 예쁜 아가씨는 처음 봤어."
사자의 가슴은 쿵쾅쿵쾅 뛰었어요.
사자는 그만 사랑에 빠졌답니다.

사자는 숲에서 무슨 소리를 들었나요?
① 아름다운 노랫소리
② 호랑이의 울음소리

266b

"이제 그만 집으로 가야지."
아가씨는 집으로 가려고 일어섰어요.
숨어서 아가씨를 살펴보던 사자는
아가씨가 어디에 사는지 몹시 궁금했어요.
그래서 뒤를 따라갔지요.
아가씨는 숲 근처에 사는 농부의 딸이었어요.
'저 아가씨에게 어떻게 사랑을 고백할까?'

267a

한참 고민하던 사자는 마침내 용기를 냈어요.
그래서 예쁜 꽃을 꺾어 가지고 농부의 집으로
찾아갔어요.
"저는 댁의 따님을 진심으로 좋아합니다.
따님과 결혼하게 해 주세요."
사자의 말을 들은 농부는 깜짝 놀랐어요.

사자는 농부에게 아가씨와 **결혼** 하고
싶다고 말했어요.

267b

'뭐라고? 내 귀여운 딸과 결혼하겠다고?
말도 안 돼.'
농부는 상상도 할 수 없었어요.
'하지만 만일 사자의 말을 거절하면
사자가 우리 가족을 해칠지도 모르잖아.'
농부는 이리저리 궁리했어요.

268a

잠시 뒤 농부는 침착하게 말했어요.
"사자님, 나는 사자님이 마음에 드는데
딸이 당신을 좋아할지 모르겠네요.
내가 딸에게 잘 말해 볼 테니 시간을 주세요."
"그럼, 내일 다시 오겠어요."

농부는 사자의 말을 거절하면 사자가 어떻
게 할 것이라고 생각했나요?
① 사자가 엉엉 울 거라고 생각했어요.
② 농부의 가족을 해칠 거라고 생각했어요.

268b

사자가 집으로 돌아간 후에 농부는 생각에
잠겼어요.
'이 일을 어쩌면 좋지? 사자를 돌려보내긴
했지만 곧 다시 온다고 했으니…….
사자를 사위로 삼는다는 건 말도 안 돼.'
농부는 밤새워 고민을 하다가 문득
좋은 생각이 떠올랐어요.

269a

다음 날 아침 사자는 일찍 농부의 집으로
찾아왔어요.
"농부님, 따님에게 말씀하셨나요?"
"아, 나도 그렇고 내 딸도 그렇고
용감한 사자님이라면 좋다고 생각해요.
하지만 한 가지 걱정되는 것이 있어서……."

농부는 사자를 **사위** 로 삼고 싶지 않아
밤새워 고민을 했어요.

269b

사자는 기분이 좋아서 농부 옆에 바짝
다가앉으며 말했어요.
"한 가지 걱정이라니 그게 뭐죠?"
"내 딸이 사자님의 날카로운 이빨과 발톱에
다칠지도 모르잖아요.
그것만 없다면 당장 결혼시킬 텐데……."

270a

"이빨과 발톱이라고요? 그것만 빼면
결혼을 허락해 주신다는 말씀이지요?"
농부의 딸에게 온통 마음을 빼앗긴 사자는
집으로 돌아와 아픔을 꾹 참고 이빨과
발톱을 뺐어요.

사자는 농부의 딸과 결혼하려고 아픔을 꾹
참고 **이빨** 과 **발톱** 을 뺐어요.

270b

다음 날 사자는 붕대를 감고 농부의 집을
찾아갔어요.
"농부님, 저예요. 이제 따님을 주세요."
그러자 농부는 몽둥이를 들고나와
사자를 향해 소리쳤어요.
"고얀 녀석! 어디 감히 내 딸을 넘봐?
썩 물러가지 못해?"

271a

농부는 이빨과 발톱이 없는 사자가 더 이상
무섭지 않았지요.
농부에게 쫓겨난 사자는 엉엉 울면서
숲속으로 도망치고 말았답니다.

사자가 엉엉 울면서 도망간 까닭은 무엇인
가요?
① 농부가 사자를 내쫓아서
② 농부가 사자의 이빨을 빼려고 해서

271b

동화의 내용을 생각하며 물음에 답해 보세요.

1 아가씨는 숲에서 무엇을 하고 있었나요?

①  꽃을 꺾었어요.
②  산딸기를 땄어요.

2 아가씨는 어디에 살고 있었나요?

①  농부의 집
②  궁전

3 사자는 누구를 사랑했나요?

①  농부의 딸
② 암컷 사자

272a

4 사자는 아가씨와 결혼하기 위해서 어떻게 했나요?
① 꽃을 꺾어 농부를 찾아갔어요.
② 아가씨에게 반지를 선물했어요.

5 농부는 사자에게 무엇만 없으면 당장 결혼시킨다
고 했나요?

①  갈기
②  이빨과 발톱

6 사자가 이빨과 발톱을 뽑고 오자 농부는 어떻게
했나요?
① 사자를 내쫓았어요.
② 사자를 치료해 주었어요.

272b

그림을 보고 이야기의 순서에 맞게 번호를 써 보세요.

 ①
 ③
 ④
 ②

273a
그림을 보고 상상하여 재미있게 이야기해 보세요.

273b
그림을 보고 알맞은 낱말을 써 보세요.

앉다
아 + ㄵ = 앉 의자에 **앉다**.

엎다
어 + ㅍ = 엎 선반에 **엎다**.

274a
그림을 보고 알맞은 낱말을 [보기]에서 골라 써 보세요.

아이가 의자에 **앉습니다**.

머리에 사과를 **엎습니다**.

[보기] 앉습니다   엎습니다

274b
그림을 보고 알맞은 낱말을 써 보세요.

많다
마 + ㄶ = 많 책이 **많다**.

끊다
끄 + ㄶ = 끊 밧줄을 **끊다**.

275a
그림을 보고 알맞은 낱말을 [보기]에서 골라 써 보세요.

철수가 고무줄을 **끊습니다**.

경기장에 사람이 **많습니다**.

[보기] 많습니다   끊습니다

275b
그림을 보고 알맞은 낱말을 써 보세요.

밝다
바 + ㄺ = 밝 달이 **밝다**.

읽다
이 + ㄺ = 읽 책을 **읽다**.

276a
그림을 보고 알맞은 낱말을 써 보세요.

닭
다 + ㄺ = 닭 **닭**장

흙
흐 + ㄺ = 흙 **흙**장난

276b
그림을 보고 알맞은 낱말을 [보기]에서 골라 써 보세요.

어깨에 손을 **얹습니다**.

보석이 **많습니다**.

[보기] 많습니다   얹습니다

277a
그림을 보고 알맞은 낱말을 [보기]에서 골라 써 보세요.

흙 으로 성을 쌓습니다.

나비가 꽃에 **앉습니다**.

[보기] 흙   앉습니다

277b
그림에 어울리는 낱말을 이어 보세요.

278a
'ㄹ' 받침이 있는 낱말을 찾아 빈 곳에 낱말 스티커를 붙여 보세요.

278b
그림을 보고 바른 낱말에 ○를 해 보세요.

끈다 **끊다**

닭 닥

얹다 언다

279a
그림을 보고 바른 낱말에 스티커를 붙여 보세요.

흑 ?
흙 ★

앉다 ★
인다 ?

많다 ★
만다 ?

279b
글자에 빠진 받침을 [보기]에서 골라 써 보세요.

· 여우가 **닭**장에 들어갔습니다.

· 빗줄이 **끊**어졌습니다.

· 새가 나뭇가지에 **앉**았습니다.

· 놀이터에서 **흙**장난을 합니다.

· 산에 나무가 **많**습니다.

[보기] ㄶ ㄵ ㄺ

280a
그림을 보고 바르게 쓴 낱말에 ○를 해 보세요.

280b
아버지의 가방 안에 들어 있는 것에 ○를 해 보세요.

책   연필   안경

목도리   거울   양말

281a

그림을 보고 이어질 내용을 보기 에서 골라 번호를 써 보세요.

바람이 불어서
②

날씨가 더워서
①

보기
① 외투를 벗습니다.
② 모자가 날아갑니다.

281b

그림을 보고 이어질 내용을 보기 에서 골라 번호를 써 보세요.

눈이 와서
②

비가 와서
①

보기
① 우산을 씁니다.
② 온 세상이 하얗습니다.

282a

그림을 보고 이어질 내용을 보기 에서 골라 번호를 써 보세요.

배가 아파서
②

신발이 떨어져서
①

보기
① 신발을 삽니다.   ② 병원에 갑니다.

282b

그림을 보고 왜 그렇게 되었는지 알맞은 내용을 보기 에서 골라 번호를 써 보세요.

옷이
젖었습니다.
①

강이
더러워졌습니다.
②

보기
① 비를 맞아서   ② 쓰레기를 버려서

283a

그림을 보고 왜 그렇게 되었는지 알맞은 내용을 보기 에서 골라 번호를 써 보세요.

나뭇잎이
떨어집니다.
②

유리창이
깨졌습니다.
①

보기
① 공에 맞아서   ② 가을이 되어서

283b

그림을 보고 왜 그렇게 되었는지 알맞은 내용을 보기 에서 골라 번호를 써 보세요.

배가 고픕니다.
②

병원에 갑니다.
①

보기
① 이가 아파서   ② 점심을 굶어서

284a

동화를 읽기 전에 어떤 내용일지 상상하여 빈 곳을 색칠해 보세요.

코끼리는 왜 울고 있는 것인지 상상해 보세요.

284b

동화를 큰 소리로 읽고 물음에 답해 보세요.

옛날에 몸집이 아주아주 큰 코끼리가
있었어요.
코끼리는 친구들보다 몸집이 큰 것이
언제나 불만이었어요.

코끼리는 친구들보다 몸 집 이 큰 것이
언제나 불만이었어요.

285a

코끼리네 옆집에는 여우가 살고 있었어요.
여우는 멋진 자동차를 가지고 있었어요.
여우는 자동차를 타고 숲길을 따라
쌩쌩 달렸어요.

여우는 무엇을 타고 숲길을 가고 있었나요?
① 비행기   ② 자동차

285b

코끼리도 자동차가 무척 타고 싶었어요.
"우아, 좋겠다. 나도 쌩쌩 달리고 싶어.
나도 태워 줄래?"
하지만 여우는 코끼리가 너무 커서
차에 들어갈 수 없다고 거절했어요.

286a

코끼리는 눈물을 뚝뚝 흘렸어요.
말과 토끼는 코끼리가 불쌍해 보였어요.
그래서 코끼리가 자동차를 타도록
도와주고 싶었어요.

코끼리가 자동차를 타도록 도와주려고 한
동물은 누구와 누구인가요?
① 곰과 낙타   ② 말과 토끼

286b

"영차, 영차."
말과 토끼가 코끼리의 등을 힘껏 밀었어요.
하지만 코끼리는 너무 커서 자동차에
들어갈 수가 없었어요.
코끼리는 몹시 슬펐어요.

코끼리는 자동차를 탈 수 없게 되자 기분이
어땠나요?
① 기뻤어요.   ② 슬펐어요.

287a

말과 토끼는 코끼리가 안타까웠어요.
그러다가 문득 좋은 생각을 해냈어요.
"코끼리 발에 자동차처럼 둥근 바퀴를
달아 주면 어떨까?"
"그래! 그게 좋겠다."

말과 토끼는 코끼리의 발 에 둥근 바퀴를
달아 주기로 했어요.

287b

말과 토끼는 코끼리의 발에 맞는 커다란
바퀴를 만들었어요.
그리고 바퀴를 코끼리의 발에 달아 주었어요.
"이야, 정말 멋지다!"
이제 코끼리도 쌩쌩 숲길을 달렸어요.

바퀴를 단 코끼리는 쌩쌩 숲 길 을
달렸어요.

288a

동화의 내용을 생각하여 물음에 답해 보세요.

1 여우는 무엇을 가지고 있었나요?
① 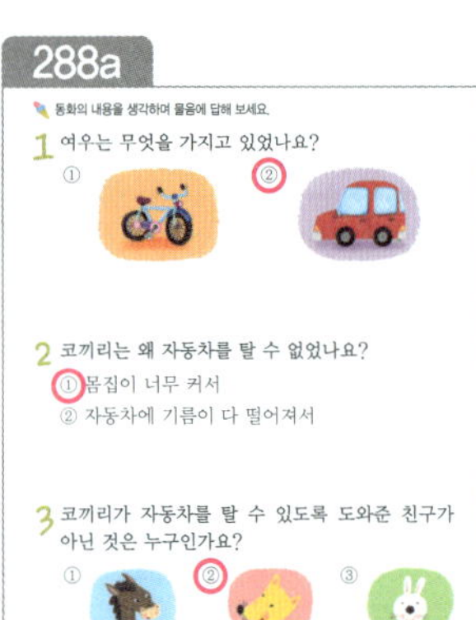
②

2 코끼리는 왜 자동차를 탈 수 없었나요?
① 몸집이 너무 커서
② 자동차에 기름이 다 떨어져서

3 코끼리가 자동차를 탈 수 있도록 도와준 친구가
아닌 것은 누구인가요?
①   ②   ③
말   여우   토끼

288b

그림을 보고 숨은 그림을 찾아보세요.

나팔   양말   고래

정답

289a
그림을 보고 상상하여 재미있게 이야기해 보세요.

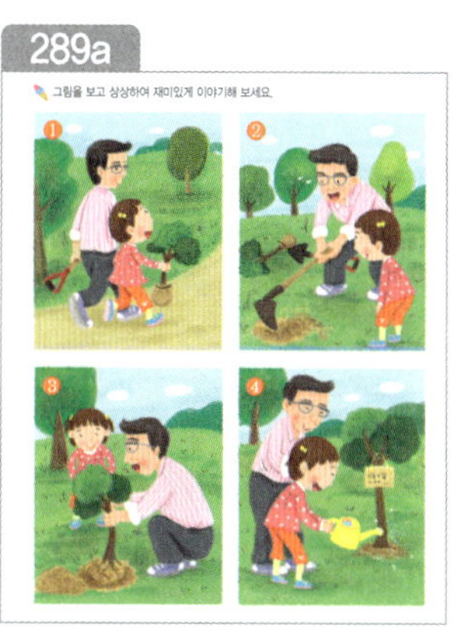

289b
그림을 보고 알맞은 낱말을 써 보세요.

젊다
저 + ㄻ = 젊 나이가 젊 다 .

닮다
다 + ㄻ = 닮 얼굴이 닮 다 .

290a
그림을 보고 알맞은 낱말을 써 보세요.

굶다
구 + ㄻ = 굶 밥을 굶 다 .

삶다
사 + ㄻ = 삶 달걀을 삶 다 .

290b
그림을 보고 알맞은 낱말을 써 보세요.

밟다
바 + ㄼ = 밟 낙엽을 밟 다 .

짧다
짜 + ㄼ = 짧 목이 짧 다 .

291a
그림을 보고 알맞은 낱말을 써 보세요.

넓다
너 + ㄼ = 넓 바다가 넓 다 .

여덟
더 + ㄼ = 덟 8은 여 덟 .

291b
그림을 보고 알맞은 낱말을 써 보세요.

핥다
하 + ㄾ = 핥 그릇을 핥 다 .

훑다
후 + ㄾ = 훑 벼를 훑 다 .

292a
그림을 보고 알맞은 낱말을 [보기]에서 골라 써 보세요.

밥솥을 싹싹
훑 습 니 다 .

강아지가 손바닥을
핥 습 니 다 .

[보기] 훑습니다   핥습니다

292b
그림을 보고 알맞은 낱말을 [보기]에서 골라 써 보세요.

발을
밟 다 .

서로서로
닮 다 .

[보기] 닮다   밟다

293a
그림을 보고 알맞은 낱말을 [보기]에서 골라 써 보세요.

목이
짧 다 .

운동장이
넓 다 .

[보기] 짧다   넓다

293b
낱말을 소리 내어 읽고 공통으로 들어가는 받침을 빈 곳에 써 보세요.

294a
낱말을 소리 내어 읽고 공통으로 들어가는 받침을 빈 곳에 써 보세요.

294b
그림을 보고 바른 낱말에 ○를 해 보세요.

• 바지가   짤습니다,   (짧습니다)

• 아이스크림을   핥습니다,   (핥습니다)

295a
그림을 보고 바른 낱말에 ○를 해 보세요.

(닮다)   담다

밥다   (밟다)

(짧다)   짭다

295b
글자에 빠진 받침을 [보기]에서 골라 써 보세요.

• 바둑이가 손바닥을 핥 습니다.

• 냄비에 달걀을 삶 습니다.

• 사과가 여 덟 개 있습니다.

• 쌍둥이는 얼굴이 닮 았습니다.

• 자라는 목이 짧 습니다.

[보기] ㄻ   ㄼ   ㄾ

296a
현우가 잠자리를 잡을 수 있도록 글자를 읽으면서 길을 따라가 보세요.

296b
그림을 보고 동물이 아닌 것 네 가지를 찾아 그 이름에 ○를 해 보세요.

여우   (거울)   (곰 인형)

개미   (로봇)   독수리   (화분)

297a

동화를 읽기 전에 어떤 내용일지 상상하여 빈 곳을 색칠해 보세요.

지민이와 지수가 어떻게 눈사람을 만들었을지 상상해 보세요.

297b

동화를 큰 소리로 읽고 물음에 답해 보세요.

지민이와 지수는 형제예요.
형 지민이는 늦잠을 자고 있었어요.
"형, 어서 일어나."
동생 지수가 방으로 헐레벌떡 들어와
지민이를 깨웠어요.

298a

"형, 밤새 눈이 아주 많이 왔어."
"뭐라고? 정말로 눈이 왔단 말이야?"
"응, 빨리 일어나."
지수는 벌써 일어나 외투도 입고 목도리도
하고 있었어요.

밤새 눈 이 아주 많이 왔어요.

298b

자리에서 일어난 지민이는 거울 앞에 서서
외투를 입고 목도리를 했어요.
"형, 빨리 나가자."
"알았어, 조금만 기다려."

지민이가 한 것은 무엇과 무엇인가요?

① 모자와 마스크　　②　외투와 목도리

299a

지민이와 지수는 마당으로 나왔어요.
"우아, 신난다."
"형, 정말 눈이 많이 왔지?"
지민이와 지수는 쌓인 눈을 보며 기뻐했어요.

지민이와 지수는 어디로 나왔나요?

①　마당　　② 운동장

299b

마당에는 눈이 소복이 쌓여 있었어요.
눈은 장독대에도, 나뭇가지 위에도 쌓여
있었어요.
"형, 우리 눈사람 만들까?"
"그래, 좋아."
지민이와 지수는 눈사람을 만들기로 했어요.

300a

지수는 작은 눈덩이를 굴렸어요.
작은 눈덩이를 데굴데굴 계속 굴렸어요.
지민이는 더 큰 눈덩이를 만들었어요.

지민이와 지수는 눈 사 람 을 만들기
로 했어요.

300b

"아휴, 힘들어."
지민이는 땀을 닦았어요.
어느덧 눈사람의 몸과 머리가 될 눈덩이가
만들어졌어요.
"형, 눈사람의 몸에 머리를 올리자."

301a

지민이와 지수는 힘을 합쳐 작은 눈덩이를
큰 눈덩이 위에 올렸어요.
지수는 눈사람에게 해 주려고 목도리를
풀었어요.

지민이와 지수는 힘을 합쳐 작 은 눈
덩이를 큰 눈덩이 위에 올렸어요.

301b

지민이는 지수가 주워 온 나뭇가지로
눈사람의 팔을 만들고, 거기에 장갑을 벗어
끼워 주었어요.
"우아, 눈사람한테 팔이 생겼어."
지수는 들고 있던 목도리를 눈사람에게
둘러 주었어요.

302a

또 지수는 장독대에 가서 작고 까만 돌멩이를
주워 왔어요.
지민이는 돌멩이로 눈사람의 눈을 만들어
주었어요.
그리고 귀여운 코도 만들어 주었어요.

지민이는 까만 돌 멩 이 로 눈사람의
눈과 코를 만들었어요.

302b

지민이는 자기 외투를 벗어 눈사람에게
입혀 주었어요.
그리고 나뭇잎을 가져다가 눈사람의 입을
만들었어요.
지수는 콩콩 뛰며 좋아했어요.

303a

"지수야, 지민아! 고마워! 이제 하나도 춥지
않아."
눈사람이 웃으며 말했어요.
지민이와 지수도
눈사람을 보고
활짝 웃었어요.
하늘에서 함박눈이
다시 내렸어요.
지민이와 지수는
눈사람과 함께
눈을 맞으며 서
있었어요.

하늘에서 함 박 눈 이 다시 내렸어요.

303b

동화의 내용을 생각하며 물음에 답해 보세요.

1 어느 계절에 있었던 일인가요?

① ②

2 눈사람을 만든 사람은 누구인가요?

3 지민이는 눈사람을 만들면서 나뭇가지에 무엇을
끼워 주었나요?

① ②

304a

4 지민이는 외투를 벗어 어떻게 했나요?

① ②

5 지민이와 지수가 만든 눈사람은 무엇인가요?

① ②

6 눈사람은 지민이와 지수에게 어떤 말을 했나요?

①　고마워!　　② 미안해!

304b

그림을 보고 숨은 그림을 찾아보세요.

장갑　　목도리　　털모자

305a
그림을 보고 알맞은 낱말을 써 보세요.

으 + ㄿ = 읊 시를 읊 다 .

끄 + ㄿ = 끓 물이 끓 다 .

305b
그림을 보고 알맞은 낱말을 써 보세요.

이 + ㅀ = 잃 길을 잃 다 .

시 + ㅀ = 싫 약이 싫 다 .

306a
그림을 보고 알맞은 낱말을 보기 에서 골라 써 보세요.

안경을 잃 다 .

주사가 싫 다 .

보기 잃다 싫다

306b
그림을 보고 알맞은 낱말을 써 보세요.

뚜 + ㅀ = 뚫 구멍을 뚫 다 .

아 + ㅀ = 앓 병을 앓 다 .

307a
그림을 보고 알맞은 낱말을 보기 에서 골라 써 보세요.

구멍을 뚫 다 .

치통을 앓 다 .

보기 앓다 뚫다

307b
그림을 보고 알맞은 낱말을 써 보세요.

어 + ㅄ = 없 뿔이 없 다 .

가 + ㅄ = 값 값 이 비싸다 .

308a
그림을 보고 알맞은 낱말을 보기 에서 골라 써 보세요.

공책이 없 다 .

값 이 얼마예요?

보기 값 없다

308b
빈칸에 알맞은 받침 스티커를 붙여 보세요.

309a
그림을 보고 알맞은 낱말을 보기 에서 골라 써 보세요.

짝이 없 다 .

목욕이 싫 다 .

보기 없다 싫다

309b
그림을 보고 바른 낱말에 ○를 해 보세요.

310a
그림을 보고 바른 낱말에 ○를 해 보세요.

310b
아기 공룡이 아빠 공룡을 찾을 수 있도록 글자를 읽으면서 길을 따라가 보세요.

울다 ○ 뚫다 ○ 없다 ○ 끓다

311a
그림을 보고 관계있는 것끼리 이어 보세요.

311b
그림을 보고 필요한 물건을 찾아 알맞은 그림 스티커를 붙여 보세요.

312a
그림을 보고 필요한 물건에 ○를 해 보세요.

312b
그림을 보고 상상하여 재미있게 이야기해 보세요.

313a

동화를 읽기 전에 어떤 내용일지 상상하며 빈 곳을 색칠해 보세요.

개구리들이 무엇을 하고 있는지 상상해 보세요.

313b

동화를 큰 소리로 읽고 물음에 답해 보세요.

어느 마을에 가난한 선비가 살고 있었어요.
선비는 날마다 방에서 책만 보느라 일은
하나도 하지 않았어요.
하루는 아내가 밭에 나가 일을 하는데,
후드득후드득 소나기가 쏟아졌어요.
"이런, 비가 오네. 마당에 보리를
널어놨는데 이걸 어쩌지?"

314a

아내가 헐레벌떡 집에 와 보니, 보리가
모두 젖어 있었어요.
"더 이상 못 살겠어요. 책만 보지 말고
나가서 돈 좀 벌어 오세요."
선비는 하는 수 없이 보따리를 메고 집을
나섰어요.

선비는 왜 집을 나섰나요?
① 돈을 벌려고   ② 사냥을 하려고

314b

선비는 터벅터벅 길을 걷다가 잠시 쉬었다
가려고 논두렁 옆에 앉았어요.
그런데 다 마른 웅덩이에 올챙이들이 모여
있는 게 보였어요.
올챙이들은 꼼지락거렸어요.
마치 살려 달라는 것처럼 보였어요.
"어허, 물이 말라서 죽어 가고 있구나."

315a

선비는 불쌍한 생각이 들어 올챙이들을
가까운 연못에 넣어 주었어요.
올챙이들은 고맙다는 듯 꼬리를 살랑살랑
흔들며 물속으로 사라졌어요.
선비는 다시 길을 떠나 이 마을 저 마을을
떠돌아다녔어요.

선비는 어디에서 잠시 쉬었나요?
① 원두막   ② 논두렁 옆

315b

하지만 돈을 벌기는커녕 하루하루 밥을
챙겨 먹기도 힘들었어요.
"이럴 바에야 집으로 돌아가는 게 낫겠어."
선비는 돌아다니느라 지치고 배가 고팠어요.
그래서 집으로 돌아가기로 마음먹었어요.
돌아오는 길에 올챙이들을 구해 준 연못가에
이르렀어요.

316a

"좀 쉬었다 가야겠다. 휴, 이렇게 돌아가면
아내가 가만있지 않을 텐데……."
그때였어요.
"어, 이게 뭐지?"
발밑에 꿈틀거리는 것이 있어서 바라보니,
개구리들이 무언가를 끌어당기고 있었어요.

선비의 발밑에서 꿈틀거리고 있었던 것은
무엇인가요?
① 지렁이들   ② 개구리들

316b

자세히 들여다보니 낡은 냄비였어요.
개구리들은 선비 앞에 냄비를 끌어다 놓고는
넙죽 절을 했어요.
그러고는 하나씩 풍덩풍덩 연못으로
다시 뛰어들어 갔어요.
"거참, 신기한 일도 다 있네."

317a

선비는 냄비를 들고 집으로 돌아왔어요.
"여보, 나 왔소."
"흥! 쌀도 없는데 그 냄비로 대체 무엇을 해
잡수시려고요?"
아내는 뾰로통하니 화를 냈어요.

선비의 아내는 왜 화를 냈을까요?
① 선비가 늦게 들어와서
② 선비가 돈을 벌어 오지 않아서

317b

"여보, 미안하오. 어쨌거나 배가 고프니
밥 좀 주오."
선비가 말하자 아내가 말했어요.
"이제 쌀도 한 톨밖에 없는데 무슨 수로
밥을 해요?"
"배가 고프니 그거라도 끓여 주오."

318a

아내는 하는 수 없이 선비가 가져온 냄비에
쌀 한 톨을 넣고 밥을 지었어요.
그런데 잠시 후 정말 신기한 일이 벌어졌어요.
보글보글 물이 넘쳐 뚜껑을 열어 보니,
냄비에 한가득 밥이 지어져 있었어요.

쌀 한 톨을 냄비에 넣고 밥을 짓자 어떻게
되었나요?
① 쌀이 금으로 변했어요.
② 밥이 냄비에 한가득 지어졌어요.

318b

"여보, 여보! 이것 좀 봐요."
아내가 소리쳤어요. 선비는 달려 나와
냄비에 가득 찬 밥을 보았어요.
"어허, 신기한 일도 다 있네.
혹시 이게 요술 냄비가 아닐까?
어디 한번 엽전을 넣고 끓여 봅시다."
잠시 후 냄비를 열어 보니 엽전이 그득했어요.

319a

그제야 선비는 무릎을 탁 치며 소리쳤어요.
"아하, 올해 봄에 구해 준 올챙이들이
개구리가 되어 은혜를 갚은 거로구나."
개구리의 요술 냄비 덕분에 선비와 아내는
큰 부자가 되었답니다.

개구리들은 올챙이였을 때 선비가 살려 준
은혜 를 갚았어요.

319b

동화의 내용을 생각하여 물음에 답해 보세요.

1 선비는 날마다 무엇을 하며 지냈나요?

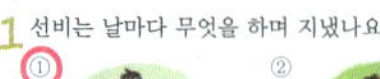

①

②

2 선비는 다 마른 웅덩이 속의 올챙이를 어떻게 했
나요?

①

②

집으로 가져갔어요.   연못에 놓아주었어요.

3 개구리들이 선비에게 가져다준 것은 무엇인가요?

①

②

320a

4 냄비를 가져다준 개구리는 어렸을 때에는 무엇이
었나요?

①

②

메기   올챙이

5 선비의 아내는 선비가 가져온 냄비에 무엇을 넣고
밥을 지었나요?

①

②

쌀 한 톨   쌀 한가루

6 개구리들은 선비에게 신기한 요술 냄비를 왜 주었
을까요?

① 선비에게 은혜를 갚으려고
② 선비의 집에 냄비가 없어서

320b

그림을 보고 이야기의 순서에 맞게 번호를 써 보세요.

④

②

①

③